Social Media Magie
Erfolgsstrategien im Social Media Marketing

Über den Autor:

Der Naturwissenschaftler Dipl.-Math. Klaus-Dieter Sedlacek lebt seit seiner Kindheit in Stuttgart. Er studierte neben Mathematik und Informatik auch Physik. Nach dem Studienabschluss und einigen Jahren Berufspraxis gründete er eine eigene Firma, die sich mit der Entwicklung von Anwendungssoftware beschäftigte. Zwischenzeitlich widmet er sich seinen privaten Interessen zu denen auch das Schreiben und Veröffentlichen von Büchern gehört.

Über das Buch:

In der dynamischen Welt des Social Media Marketings ist der Unterschied zwischen Erfolg und Stagnation oft nur eine Frage der richtigen Strategie. Dieses Buch ist ein unverzichtbarer Navigator durch die komplexen Gewässer digitaler Marketingtrends. Von der Entschlüsselung erfolgreicher Kampagnen über die Vermeidung gängiger Fallstricke bis hin zu zukunftsweisenden Technologien und Plattformen – es bietet praxisnahe Einblicke, effektive Strategien und innovative Lösungen für jeden, der im rasanten Spiel der sozialen Medien nicht nur mithalten, sondern die Führung übernehmen möchte.

Social Media Magie:

Erfolgsstrategien im Social Media Marketing

Von

Klaus-Dieter Sedlacek

TOPPBOOK WISSEN Bd. 91

Druck und Distribution im Auftrag des Autors/der Autorin:
tredition GmbH, Halenreie 40-44, 22359 Hamburg, Deutschland

Softcover ISBN 978-3-384-18415-3

Inhaltsverzeichnis

1. Einführung in Social Media Marketing

1.1 Bedeutung von Social Media in der heutigen Geschäftswelt

Soziale Netzwerke sind zum Dreh- und Angelpunkt digitaler Kommunikation geworden. So kommt dem Social Media Marketing eine Schlüsselrolle zu. Es ist das Werkzeug, mit dem Marken und Unternehmen ihre Botschaften direkt in die Wohnzimmer und auf die Bildschirme ihrer Zielgruppe transportieren können. Doch wie genau funktioniert das? Was macht Social Media in der heutigen Geschäftswelt so bedeutsam? Ein Schlüsselereignis, das die immense Macht von Social Media verdeutlicht, war die Ice Bucket Challenge. Ursprünglich als eine wohltätige Initiative zur Unterstützung der ALS-Forschung gestartet, verwandelte sich diese Herausforderung rasch in ein globales Phänomen, dank der viralen Natur von Social Media. Prominente, Sportler, ja sogar der ehemalige US-Präsident – sie alle gossen sich eiskaltes Wasser über den Kopf und nominieren andere, es ihnen gleichzutun. Das Ergebnis? Millionen von Dollar wurden gespendet, und das Bewusstsein für eine Krankheit, die zuvor nur wenig Aufmerksamkeit genoss, schoss in die Höhe.

Dieses Ereignis ist ein Paradebeispiel dafür, wie Social Media genutzt werden kann, um Menschen auf der ganzen Welt zu verbinden und sie für eine gemeinsame Sache zu mobilisieren. Es zeigt die Stärke sozialer Netzwerke auf, eine Botschaft zu verbreiten, Engagement zu fördern und letztendlich Handlungen zu inspirieren. Aber es offenbart auch die Notwendigkeit für Unternehmen, ihre Präsenz in sozialen Medien sorgfältig zu gestalten und zu pflegen. Es geht nicht mehr nur darum, Inhalte zu veröffentlichen; es geht darum, Inhalte zu kreieren, die resonieren, bewegen und zum Handeln anregen.

Die Bedeutung von Social Media in der Geschäftswelt heute kann daher nicht hoch genug eingeschätzt werden. Es ist ein mächtiges Werkzeug für Markenbildung, Kundenbindung und sogar direkten Verkauf. Unternehmen, die diese Werkzeuge geschickt einsetzen, können eine unvergleichliche Nähe zu ihrer Zielgruppe aufbauen, Einblicke in deren Wünsche und Bedürfnisse gewinnen und letztendlich ihren Marktanteil in einem zunehmend digitalen Ökosystem sichern.

Die Bedeutung von Social Media in der heutigen Geschäftswelt ist immens und kann nicht ignoriert werden. Social Media-Plattformen bieten eine einzigartige Möglichkeit für Unternehmen, eine direkte Verbindung zu ihren Zielgruppen aufzubauen, ihre Markenpräsenz zu stärken und den Umsatz zu steigern. Diese Plattformen ermöglichen es Unternehmen, ihre Botschaften in Echtzeit zu verbreiten, Feedback zu sammeln und Kundenbeziehungen auf eine Weise zu pflegen, die zuvor nicht möglich war.

Social Media hat die Spielregeln im Marketing verändert. Es ist nicht mehr ausreichend, nur auf traditionelle Werbemethoden wie Printmedien oder Fernsehwerbung zu setzen. Die Unternehmen, die in der heutigen digitalen Landschaft erfolgreich sind, sind jene, die die Macht von Social Media erkennen und nutzen. Durch die gezielte Verwendung von Social Media können Unternehmen eine breite Palette von Zielen erreichen, von der Steigerung der Markenbekanntheit bis hin zur Generierung von Leads und dem Aufbau einer loyalen Gemeinschaft.

Einer der größten Vorteile von Social Media ist die Fähigkeit, zielgerichtete Werbekampagnen zu schalten. Mit den umfangreichen Daten, die Plattformen wie Facebook und Instagram über ihre Nutzer sammeln, können Unternehmen ihre Werbung genau auf die gewünschte Zielgruppe zuschneiden. Dies führt zu einer höheren Effizienz der Werbeausgaben und einer besseren Konversionsrate.

Darüber hinaus bietet Social Media eine Plattform für Storytelling und Markenbildung. Unternehmen können ihre Geschichten teilen, Werte vermitteln und eine emotionale Verbindung zu ihrer Zielgruppe aufbauen. Diese authentischen Einblicke in das Unternehmen können das Vertrauen und die Loyalität der Kunden stärken, was letztendlich zu einer langfristigen Kundenbindung führt.

Die Interaktion auf Social Media ist ebenfalls von entscheidender Bedeutung. Unternehmen können direkt auf Kundenfeedback reagieren, Fragen beantworten und an Gesprächen teilnehmen. Diese Art von Engagement zeigt, dass ein Unternehmen seine Kunden wertschätzt und auf ihre Bedürfnisse eingeht. Es kann auch dazu beitragen, negative Erfahrungen umzukehren und positive Beziehungen zu fördern.

Trotz dieser Vorteile kommt mit Social Media auch eine Verantwortung. Unternehmen müssen sorgfältig überlegen, wie sie kommunizieren, um negative Reaktionen oder Krisen zu vermeiden. Die Erstellung eines durchdachten Social Media-Plans, der klare Ziele, Zielgruppenanalyse und Inhaltsstrategien umfasst, ist unerlässlich für den Erfolg.

Social Media ist somit ein unverzichtbares Werkzeug für Unternehmen in der heutigen digitalen Ära ist. Es bietet eine Fülle von Möglichkeiten, um mit Zielgruppen zu interagieren, Marken zu stärken und Geschäftsergebnisse zu erzielen. Unternehmen, die diese Chancen nutzen, sind besser positioniert, um in der sich ständig verändernden Geschäftswelt erfolgreich zu sein.

Ein kleines Café namens "Café Herzlich", das trotz seiner hervorragenden Lage und köstlichen Angebote mit der Kundenfrequenz zu kämpfen hatte. Die Besitzerin, Frau Müller, eine passionierte Bäckerin und Kaffeeliebhaberin, war entschlossen, ihr Café zum Erfolg zu führen. Sie hatte jedoch wenig Erfahrung mit digitalen Marketingstrategien und wusste nicht, wie sie die Kraft der sozialen Medien nutzen konnte, um ihr Geschäft voranzubringen.

Eines Tages beschloss sie, einen Versuch zu wagen und erstellte Profile für das Café auf verschiedenen Social Media-Plattformen. Zuerst war sie unsicher, wie sie beginnen sollte, doch dann entschied sie sich, ihre tägliche Arbeit im Café zu dokumentieren. Sie teilte Bilder ihrer hausgemachten Kuchen, postete die Geschichte hinter ihrem beliebtesten Rezept – dem "Herzlich-Kuchen" – und lud ihre Follower dazu ein, hinter die Kulissen des Cafébetriebs zu blicken.

Zu Frau Müllers Überraschung begannen die Leute, ihre Posts zu liken, zu kommentieren und zu teilen. Die Geschichten und Bilder aus ihrem Café resonierten bei einer Gemeinschaft von Kaffeeliebhabern und Backenthusiasten. Sie startete auch eine wöchentliche Challenge, bei der die Kunden ihre eigenen Kaffeekreationen posten und das beste Bild eine kostenlose Tasse Kaffee gewinnen konnte. Die Teilnahme war überwältigend, und das Café Herzlich wurde schnell zu einem lokalen Gesprächsthema.

Mit der Zeit bemerkte Frau Müller, dass immer mehr Kunden, bewaffnet mit ihren Smartphones, in ihr Café kamen, um die berühmten Kuchen und den Kaffee selbst zu probieren und ihre Erfahrungen auf ihren eigenen Social Media-Kanälen zu teilen. Die digitale Mundpropaganda hatte das Café Herzlich auf die Landkarte gesetzt. Frau Müller nutzte auch das Feedback und die Kommentare ihrer Online-Gemeinschaft, um das Angebot im Café zu verbessern und neue Rezepte zu entwickeln.

Das Café Herzlich wurde dank der gezielten Nutzung von Social Media zu einem beliebten Treffpunkt in der Stadt. Frau Müllers Geschichte zeigt, wie die Kraft der sozialen Medien selbst das kleinste Geschäft transformieren und eine Gemeinschaft von loyalen Kunden aufbauen kann, die bereit sind, ihre Leidenschaft und Begeisterung für ein Produkt oder eine Dienstleistung zu teilen.

1.2 Kurze Geschichte und Evolution von Social Media

Die Reise durch die Geschichte und Evolution von Social Media ist eine faszinierende Erkundung, wie sich die Art und Weise, wie Menschen kommunizieren, vernetzen und Informationen teilen, im Laufe der Zeit radikal verändert hat. Diese Entwicklung hat nicht nur die Landschaft der persönlichen Interaktion, sondern auch die Dynamik der Geschäftswelt und des Marketings transformiert.

Die Anfänge von Social Media können bis in die späten 1990er Jahre zurückverfolgt werden, als die ersten sozialen Netzwerke entstanden. Diese frühen Plattformen, wie Six Degrees, ermöglichten es den Nutzern, Profile zu erstellen und Freundschaftsverbindungen zu knüpfen. Obwohl Six Degrees nicht den langfristigen Erfolg anderer Plattformen erlebte, legte es den Grundstein für das, was kommen sollte.

Mit dem Aufkommen von Plattformen wie Friendster im Jahr 2002 und MySpace im Jahr 2003 begann die Ära der sozialen Vernetzung wirklich zu blühen. Diese Websites boten verbesserte Möglichkeiten zur Selbstpräsentation und zur Interaktion mit anderen, was zu einem rasanten Wachstum der Nutzerzahlen führte. MySpace wurde insbesondere durch die Einbindung von Musik und anderen kreativen Inhalten zu einem zentralen Treffpunkt für Künstler und Fans.

Das Jahr 2004 markierte einen Wendepunkt in der Geschichte von Social Media mit der Einführung von Facebook. Zunächst als exklusives Netzwerk für College-Studenten gedacht, öffnete Facebook seine Türen für die breite Öffentlichkeit und revolutionierte die Art und Weise, wie Menschen über das Internet interagieren. Mit seiner benutzerfreundlichen Oberfläche, den vielfältigen Interaktionsmöglichkeiten und der Fähigkeit, ein breites Netzwerk von Freundschaften zu pflegen, wurde Facebook schnell zur dominierenden Kraft im sozialen Netzwerk.

Während Facebook weiterhin eine führende Rolle in der Welt der sozialen Medien spielt, haben die letzten Jahre die Entstehung und Popularisierung einer Vielzahl von Plattformen gesehen, die verschiedene Aspekte des sozialen Austauschs bedienen. Twitter, lanciert im Jahr 2006, revolutionierte die Art der Kommunikation mit seinen kurzen, prägnanten Nachrichten, den sogenannten Tweets. Instagram, das 2010 eingeführt wurde, zog Nutzer mit seiner visuellen Ausrichtung und der Möglichkeit, durch Fotos und Videos Geschichten zu erzählen, in seinen Bann.

Die Evolution von Social Media hat auch spezialisierte Plattformen hervorgebracht, wie LinkedIn für berufliche Vernetzung und Pinterest für die Entdeckung und Speicherung kreativer Ideen. Jede dieser Plattformen bedient einzigartige Bedürfnisse und Interessen, was die Landschaft der sozialen Medien ungemein vielfältig macht.

Die Geschichte von Social Media ist eine Geschichte der Innovation und des Wandels, die die menschliche Kommunikation tiefgreifend beeinflusst hat. Von einfachen Anfängen bis hin zu komplexen Netzwerken, die Milliarden von Menschen weltweit verbinden, hat die Evolution von Social Media die Art und Weise, wie wir leben, arbeiten und spielen, neu definiert. Diese Entwicklung ist noch lange nicht abgeschlossen, und die Zukunft verspricht weitere spannende Entwicklungen in diesem dynamischen und sich ständig verändernden Feld.

Interview mit Dr. Lena Schmidt, Expertin für digitale Kommunikation und Soziale Medien

Interviewer: Guten Tag, Dr. Schmidt. Es ist eine Freude, Sie hier zu haben, um über die Evolution von Social Media zu sprechen. Wie würden Sie die Anfänge von Social Media beschreiben?

Dr. Schmidt: Guten Tag! Es ist mir eine Freude, hier zu sein. Die Anfänge von Social Media waren geprägt von Experimentierfreude und der Suche nach neuen Wegen der Vernetzung. Frühe Plattformen wie Six Degrees und Friendster testeten das Wasser für das, was möglich ist, wenn man Menschen online zusammenbringt. Es war eine Zeit des Ausprobierens, in der die Grundlagen für die heutigen sozialen Netzwerke gelegt wurden.

Interviewer: Facebook hat sicherlich eine zentrale Rolle in der Geschichte von Social Media gespielt. Wie sehen Sie die Bedeutung dieser Plattform?

Dr. Schmidt: Absolut. Facebook war nicht nur ein Wendepunkt in der Geschichte von Social Media, sondern hat auch die Art und Weise, wie wir heute kommunizieren, grundlegend verändert. Durch die Ermöglichung eines breiten sozialen Austauschs und das Anbieten einer Plattform, auf der Nutzer ihre Lebensereignisse teilen können, hat Facebook Social Media massentauglich gemacht. Es hat die Messlatte für das, was eine soziale Plattform sein kann, deutlich höher gelegt.

Interviewer: Neben Facebook haben wir eine Vielzahl von Plattformen gesehen, die aufkamen. Wie bewerten Sie die Diversifizierung in der Social Media Landschaft?

Dr. Schmidt: Die Diversifizierung ist ein Zeichen für die Reife des Social Media Ökosystems. Jede Plattform bedient unterschiedliche Bedürfnisse und Interessen. Twitter mit seinem Fokus auf Kurznachrichten, Instagram, das visuelle Geschichten in den Vordergrund stellt, oder LinkedIn, das sich auf professionelle Netzwerke konzentriert, zeigen, dass Social Media viel facettenreicher ist, als man zunächst annehmen könnte. Diese Vielfalt ermöglicht es Nutzern, je nach Interesse und Bedarf, unterschiedliche Plattformen zu wählen.

Interviewer: Welche Herausforderungen sehen Sie für die Zukunft von Social Media?

Dr. Schmidt: Eine der größten Herausforderungen ist der Datenschutz und die Sicherheit der Nutzerdaten. Mit der zunehmenden Integration von Social Media in unser tägliches Leben müssen Plattformen sicherstellen, dass sie verantwortungsvoll mit Nutzerdaten umgehen. Eine weitere Herausforderung ist die Informationsqualität. In Zeiten von Fake News und Desinformation müssen Social Media Plattformen Wege finden, verlässliche Informationen zu fördern und gleichzeitig die Meinungsfreiheit zu wahren.

Interviewer: Zum Abschluss, wie sehen Sie die Rolle von Social Media in der Gesellschaft?

Dr. Schmidt: Social Media ist zu einem unverzichtbaren Bestandteil unseres sozialen Gefüges geworden. Es ermöglicht nicht nur die Vernetzung und den Austausch zwischen Individuen, sondern bietet auch eine Plattform für sozialen und politischen Diskurs. Die Rolle von Social Media in der Gesellschaft ist daher zweischneidig: Einerseits fördert es die Demokratisierung der Kommunikation, andererseits birgt es Risiken hinsichtlich Datenschutz und Informationsqualität. Die Zukunft von Social Media wird davon abhängen, wie wir diese Herausforderungen angehen und nutzen, um eine offene, aber sichere Kommunikationslandschaft zu schaffen.

Interviewer: Vielen Dank, Dr. Schmidt, für dieses aufschlussreiche Gespräch.

Dr. Schmidt: Ich danke Ihnen! Es war mir ein Vergnügen.

1.3 Übersicht über die verschiedenen Social Media Plattformen und ihre Zielgruppen

In einer Welt, in der das Scrollen durch Social Media Feeds für viele zum morgendlichen Ritual geworden ist, gleicht die Auswahl an Plattformen einem ständig wachsenden digitalen Universum. Jede Plattform hat ihre eigene Atmosphäre, ihre eigenen Regeln und natürlich ihre eigene Zielgruppe. Doch wie findet man sich in diesem Kosmos zurecht? Wie entscheidet ein Unternehmen, wo es seine digitale Flagge hissen soll, um genau die Menschen zu erreichen, die es ansprechen möchte?

Stellen Sie sich vor, es gäbe eine Landkarte, die diesen digitalen Kosmos kartographiert. Auf dieser Karte wären nicht nur die Grenzen zwischen den verschiedenen Plattformen wie Facebook, Instagram, Twitter, LinkedIn und TikTok sichtbar, sondern auch die verschiedenen Bevölkerungsgruppen, die diese digitalen Welten bevölkern. Während Instagram mit seinen visuell ansprechenden Inhalten vor allem jüngere Generationen anzieht, die Wert auf Ästhetik und Storytelling legen, bietet LinkedIn eine Heimat für professionelle Netzwerker und Brancheninsider.

In einer Zeit, in der sich die digitale Landschaft schneller verändert als je zuvor, wird die Fähigkeit, die richtigen Plattformen zu navigieren und zu verstehen, wer sie bewohnt, zum entscheidenden Faktor für den Erfolg im Social Media Marketing. Doch welche Geheimnisse verbergen sich hinter den Kulissen dieser Plattformen? Und wie können Unternehmen sicherstellen, dass ihre Botschaften nicht im endlosen Meer der Online-Inhalte untergehen, sondern ihre Zielgruppe erreichen und bewegen?

Diesen Fragen auf den Grund zu gehen, bedeutet, die Codes zu entschlüsseln, die das Verhalten und die Vorlieben der Nutzer auf den verschiedenen Social Media Plattformen bestimmen. Es bedeutet zu verstehen, dass ein erfolgreiches Engagement auf TikTok eine ganz andere Herangehensweise erfordert als auf LinkedIn oder Twitter. Die Kunst liegt darin, nicht nur präsent zu sein, sondern in der digitalen Welt wirklich zu leben und zu atmen, die Sprache jeder Plattform zu sprechen und die Geschichten zu erzählen, die Resonanz finden.

In der folgenden Übersicht werden wir tief in den digitalen Kosmos eintauchen, um die Geheimnisse hinter den verschiedenen Social Media Plattformen und ihren Zielgruppen zu lüften. Begleiten Sie uns auf dieser Reise durch die vielfältige Landschaft der sozialen Medien, und entdecken Sie, wie Sie die Herzen und Köpfe Ihrer Zielgruppe erobern können.

In der facettenreichen Welt der sozialen Medien hat jede Plattform ihren einzigartigen Charakter, ihre spezifischen Funktionen und nicht zuletzt ihre eigene Zielgruppe. Für Unternehmen und Marketer ist es entscheidend, diese Unterschiede zu verstehen, um effektive Strategien für Social Media Marketing zu entwickeln. Die Übersicht bietet einen Einblick in die wichtigsten Social Media Plattformen und die Zielgruppen, die sie primär ansprechen.

Facebook Einst Pionier und nun Veteran unter den Social Media Plattformen, bleibt Facebook ein zentraler Knotenpunkt digitaler Interaktion. Mit über 2 Milliarden aktiven Nutzern monatlich bietet Facebook eine breite Demografie, die von Teenagern bis hin zu Senioren reicht. Unternehmen finden hier eine Plattform für vielseitige Marketingstrategien, von Branding über Kundenservice bis hin zu gezielten Werbekampagnen. Besonders effektiv ist Facebook für die Erzeugung von Markenbekanntheit und die Förderung von Community-Engagement.

Instagram Instagram, das visuelle Reich der sozialen Medien, zieht besonders die jüngeren Generationen an, vornehmlich die Generation Z und Millennials. Mit seinem Fokus auf Fotos und Videos ist es die ideale Plattform für Marken, die visuell ansprechende Inhalte teilen und eine emotionale Verbindung zu ihrer Zielgruppe aufbauen möchten. Instagram Stories und neuerdings auch Reels bieten Unternehmen kreative Wege, um ihre Produkte und Dienstleistungen in einem dynamischen und interaktiven Format zu präsentieren.

Twitter Twitter gilt als die Plattform der Wahl für aktuelle Nachrichten, Meinungsaustausch und direkte Kommunikation. Mit seiner Begrenzung auf 280 Zeichen pro Tweet fördert Twitter prägnante und schnelle Informationsverbreitung. Marken nutzen Twitter, um Kundenservice in Echtzeit zu bieten, an branchenspezifischen Gesprächen teilzunehmen und ihre Expertise in bestimmten Themenbereichen zu etablieren. Die Zielgruppe hier ist breit gefächert, schließt aber besonders Personen ein, die an aktuellen Ereignissen, Politik und Fachdiskursen interessiert sind.

LinkedIn LinkedIn, das professionelle Netzwerk, ist die Anlaufstelle für B2B-Marketing, Networking und Karriereentwicklung. Die Plattform ermöglicht es Unternehmen, sich mit Branchenkollegen zu vernetzen, potenzielle Mitarbeiter zu finden und sich als Branchenführer zu positionieren. LinkedIn ist besonders wirksam für Content Marketing, das sich auf Fachartikel, Unternehmensnachrichten und berufliche Weiterbildung konzentriert. Die primäre Zielgruppe umfasst Fachkräfte, Entscheidungsträger in Unternehmen und Personen, die ihre berufliche Laufbahn vorantreiben möchten.

TikTok TikTok hat sich rasch zu einer der dynamischsten und am schnellsten wachsenden Plattformen entwickelt, besonders beliebt bei der Generation Z. Durch kurze, oft kreative Videos, die viral gehen können, bietet TikTok eine einzigartige Möglichkeit, jüngere Zielgruppen zu erreichen. Unternehmen, die auf TikTok erfolgreich sein wollen, müssen authentische und unterhaltsame Inhalte kreieren, die mit den Trends und der Kultur der Plattform im Einklang stehen.

Die Wahl der richtigen Social Media Plattform und die Anpassung der Inhalte an die jeweilige Zielgruppe ist entscheidend für den Erfolg im digitalen Marketing. Unternehmen müssen nicht nur verstehen, wo ihre Zielgruppe die meiste Zeit verbringt, sondern auch, wie sie kommuniziert und interagiert. Durch die gezielte Ansprache auf der passenden Plattform können Marken effektiv mit ihrer Zielgruppe kommunizieren, langfristige Beziehungen aufbauen und letztendlich ihren Erfolg im digitalen Zeitalter sichern.

Laura M., die ihr erstes eigenes Modegeschäft in einer Provinzstadt eröffnete, träumte mit einer Leidenschaft für nachhaltige Mode und einem Auge für Trends davon, ihre Liebe zur Umwelt mit der Welt zu teilen. Doch trotz ihrer Hingabe und dem einzigartigen Angebot fand ihr Geschäft nur langsam Anklang in der lokalen Gemeinschaft. Laura erkannte, dass sie eine Brücke zu einem größeren Publikum schlagen musste – und diese Brücke fand sie in der Welt der sozialen Medien.

Laura begann ihre Reise auf Instagram, angezogen von der visuellen Natur der Plattform und ihrem Ruf, besonders bei jüngeren Generationen beliebt zu sein. Sie teilte Bilder ihrer nachhaltigen Kleidungsstücke, garniert mit Geschichten über deren Ursprung und die Menschen dahinter. Bald darauf begannen ihre Follower-Zahlen zu wachsen, und ihre Beiträge wurden von einem umweltbewussten Publikum begeistert aufgenommen.

Doch Laura wollte mehr. Sie wollte nicht nur ihre Produkte verkaufen, sondern auch eine Bewegung anführen. Dafür wandte sie sich LinkedIn zu, der Plattform für professionelles Networking. Hier teilte sie Artikel über die Bedeutung von Nachhaltigkeit in der Modeindustrie, diskutierte mit Gleichgesinnten und baute Beziehungen zu anderen nachhaltigen Marken auf. LinkedIn ermöglichte es Laura, sich als Vordenkerin in der nachhaltigen Mode zu etablieren und ihre Botschaft einem engagierten und professionellen Publikum zu präsentieren.

Doch Lauras Geschichte wäre nicht vollständig ohne TikTok. Um die jüngere Generation noch direkter anzusprechen, erstellte sie kurze, kreative Videos, die die Geschichten hinter ihren Produkten erzählten. Diese Videos, oft humorvoll und immer inspirierend, zeigten nicht nur die Kleidung, sondern auch die Freude und Leidenschaft, die Laura in ihre Arbeit steckte. TikTok wurde zu einem Ort, an dem Lauras Marke lebendig wurde und eine Gemeinschaft junger Menschen inspirierte, die Mode bewusster zu betrachten.

Durch die geschickte Nutzung der verschiedenen Social Media Plattformen gelang es Laura, eine vielfältige und engagierte Community um ihre Marke herum aufzubauen. Instagram ließ ihre Produkte glänzen, LinkedIn etablierte sie als Expertin in ihrem Feld, und TikTok verband sie mit der nächsten Generation von Modebegeisterten. Lauras Modegeschäft blühte auf, getragen von der Kraft sozialer Medien und einer Botschaft, die weit über die Grenzen ihrer kleinen Stadt hinausging.

So wurde Laura M. nicht nur zu einer erfolgreichen Unternehmerin, sondern auch zu einer Stimme der Veränderung in der Welt der Mode. Ihre Reise zeigt, wie die richtige Ansprache auf den passenden Plattformen nicht nur ein Geschäft transformieren, sondern auch dazu beitragen kann, die Welt Stück für Stück zu einem besseren Ort zu machen.

2. Grundlagen des Social Media Marketings

2.1 Definieren von Zielen und Zielgruppen im Social Media Marketing

Das Geheimnis des Erfolgs liegt nicht allein in der Kreativität oder der Frequenz der Posts. Der wahre Schlüssel liegt vielmehr in der sorgfältigen Definition von Zielen und Zielgruppen. Stellen Sie sich vor, Sie sind Kapitän eines Schiffes auf der weiten See des digitalen Marketings. Ohne eine klare Richtung und ein Verständnis dafür, wen Sie an Bord haben wollen, könnten Sie leicht vom Kurs abkommen oder gar im Sturm der ständig wechselnden Trends und Algorithmen untergehen.

Hier setzt das präzise Definieren von Zielen und Zielgruppen an. Es ist, als würde man vor der Abfahrt einen Kompass kalibrieren und genau die Passagiere auswählen, die zu Ihrem nächsten Abenteuer passen. Dieser Ansatz sorgt nicht nur für eine effizientere Nutzung Ihrer Ressourcen, sondern erlaubt es Ihnen auch, tiefer mit Ihrer Community zu verbinden, relevante Inhalte zu erstellen, die widerhallen, und letztlich Ihre Marke in der überfüllten Landschaft der sozialen Medien hervorzuheben.

Doch wie bestimmt man die richtigen Ziele und identifiziert seine wahre Zielgruppe? Und warum ist dieser Schritt so entscheidend für den Erfolg im Social Media Marketing? Tauchen Sie mit uns ein in die Kunst des zielgerichteten Marketings in sozialen Netzwerken, wo jedes Detail zählt und die richtige Strategie den Unterschied zwischen Verlorengehen im digitalen Rauschen und dem Erreichen des Leuchtturms des Erfolgs bedeutet.

Das Definieren von Zielen und Zielgruppen im Social Media Marketing ist vergleichbar mit dem Setzen eines Leuchtfeuers in der digitalen Welt – es orientiert alle Ihre Bemühungen und Ressourcen in eine Richtung, die nicht nur sichtbar, sondern auch bedeutungsvoll für Ihre Marke ist. Dieser Prozess verlangt nach Präzision, Einsicht und vor allem nach einem tiefen Verständnis dafür, was Ihre Marke einzigartig macht und wer davon am meisten profitieren kann.

Schritt 1: Definieren von Zielen

Der erste Schritt auf dieser Reise ist die Festlegung klarer, messbarer und erreichbarer Ziele. Diese Ziele sollten aus der übergeordneten Marketingstrategie Ihres Unternehmens abgeleitet sein und können von der Steigerung der Markenbekanntheit über die Generierung von Leads bis hin zur Förderung des Kundenengagements reichen. SMART-Ziele (Spezifisch, Messbar, Erreichbar, Relevant, Zeitgebunden) bieten einen soliden Rahmen, um diese Ambitionen zu strukturieren:

- **Spezifisch:** Seien Sie präzise in dem, was Sie erreichen möchten. Statt "mehr Engagement" zielen Sie auf "eine Steigerung der Kommentarrate um 20% innerhalb von drei Monaten".
- **Messbar:** Bestimmen Sie, wie Sie Ihren Erfolg quantifizieren können. Welche Metriken oder KPIs werden Sie überwachen?
- **Erreichbar:** Setzen Sie realistische Ziele, die mit den Ressourcen und dem Budget, die Ihnen zur Verfügung stehen, umsetzbar sind.
- **Relevant:** Stellen Sie sicher, dass Ihre Ziele im Einklang mit den übergeordneten Geschäftszielen stehen.
- **Zeitgebunden:** Definieren Sie einen klaren Zeitrahmen für die Erreichung Ihrer Ziele.

Schritt 2: Identifizieren der Zielgruppe

Sobald die Ziele festgelegt sind, ist es an der Zeit, die Zielgruppe zu identifizieren – die Menschen, die Ihre Inhalte am meisten schätzen und darauf reagieren werden. Die Definition Ihrer Zielgruppe geht über demografische Merkmale hinaus und taucht tief in psychografische Segmente ein, einschließlich Interessen, Einstellungen, Vorlieben und Verhaltensweisen. Dieser Prozess umfasst:

- **Marktforschung:** Nutzen Sie Umfragen, Interviews und Social Media Analytics, um ein klares Bild Ihrer idealen Kunden zu bekommen.
- **Buyer Personas:** Erstellen Sie detaillierte Profile Ihrer idealen Kunden, einschließlich ihrer Herausforderungen, Bedürfnisse und wie Ihre Produkte oder Dienstleistungen ihnen einen Mehrwert bieten können.
- **Plattformauswahl:** Bestimmen Sie, auf welchen Social Media Plattformen Ihre Zielgruppe am aktivsten ist. Der Schlüssel liegt darin, zu wissen, wo sie ihre Zeit online verbringen und wie sie mit Inhalten interagieren.

Schritt 3: Abstimmung von Zielen und Zielgruppe

Mit klaren Zielen und einer gut definierten Zielgruppe an Ihrer Seite ist der nächste Schritt die Abstimmung Ihrer Strategie auf beide. Dies bedeutet, Inhalte zu erstellen, die resonieren, Kampagnen zu planen, die engagieren, und Interaktionen zu fördern, die Gemeinschaften aufbauen. Jede Entscheidung, von der Wahl des Inhaltsformats bis zur Tonalität Ihrer Nachrichten, sollte darauf ausgerichtet sein, Ihre Ziele zu erreichen und gleichzeitig einen Mehrwert für Ihre Zielgruppe zu schaffen.

Das Definieren von Zielen und Zielgruppen im Social Media Marketing ist keine einmalige Aufgabe, sondern ein fortlaufender Prozess der Feinabstimmung und Anpassung, basierend auf den sich ändernden Bedürfnissen Ihrer Zielgruppe und den dynamischen Trends der digitalen Landschaft. Indem Sie diesen Prozess zu einem integralen Bestandteil Ihrer Marketingstrategie machen, legen Sie den Grundstein für langfristigen Erfolg und Relevanz in der Welt der sozialen Medien.

"Grün & Glücklich" ist ein kleines Startup, das sich der nachhaltigen Mode verschrieben hatte. Gründerin Emilia und ihr Team waren leidenschaftlich daran interessiert, die Welt zu einem besseren Ort zu machen, aber sie standen vor der gewaltigen Herausforderung, ihre Botschaft in der endlosen Flut von Online-Inhalten zu verbreiten.

Sie wussten, dass Social Media der Schlüssel zum Erfolg war, aber anfangs war ihre Strategie wie ein Boot ohne Ruder – sie bewegten sich, aber ohne klare Richtung. Sie posteten sporadisch auf verschiedenen Plattformen, von Instagram über Twitter bis hin zu Facebook, ohne wirklich zu verstehen, wen sie ansprechen und welche Ziele sie erreichen wollten.

Eines Tages, nach einem besonders entmutigenden Meeting, bei dem das Team über die stagnierenden Follower-Zahlen und das fehlende Engagement nachgrübelte, beschloss Emilia, dass es Zeit für einen Wandel war. Sie zog ihr Team zu einem Brainstorming-Workshop zusammen, der sich als Wendepunkt für "Grün & Glücklich" herausstellen sollte.

Der erste Schritt war die Definition klarer Ziele. Sie wollten nicht nur ihre Online-Präsenz erhöhen, sondern auch eine Gemeinschaft aufbauen, die aktiv an der nachhaltigen Modebewegung teilnimmt. Sie entschieden sich für messbare Ziele, wie die Erhöhung der Follower-Zahl auf Instagram um 30% und die Verdopplung der Interaktionsrate innerhalb von sechs Monaten.

Als Nächstes tauchte das Team tief in die Welt ihrer Zielgruppe ein. Sie führten Umfragen durch, analysierten Daten und erstellten detaillierte Buyer Personas. Sie entdeckten, dass ihre ideale Zielgruppe junge, umweltbewusste Frauen waren, die Wert auf Nachhaltigkeit legten, aber auch Mode liebten. Diese Erkenntnis war entscheidend. Sie erkannten, dass Instagram ihre Hauptplattform sein sollte, und dass ihre Inhalte eine Mischung aus Bildung und Inspiration sein mussten, gewürzt mit einer Prise Modeglamour.

Mit neuer Klarheit und Fokus begann "Grün & Glücklich", zielgerichtete Kampagnen zu starten. Sie teilten Geschichten hinter ihren Produkten, gaben Tipps für einen nachhaltigeren Lebensstil und zeigten, wie Mode und Umweltbewusstsein Hand in Hand gehen können. Sie arbeiteten mit Influencern zusammen, die ihre Werte teilten, und starteten Hashtag-Kampagnen, um ihre Gemeinschaft zu vergrößern.

Monate vergingen, und die Veränderung war bemerkenswert. "Grün & Glücklich" sah nicht nur einen signifikanten Anstieg der Follower und Engagement-Raten, sondern baute auch eine leidenschaftliche Gemeinschaft auf, die ihre Botschaft verbreitete. Ihre sozialen Medien wurden zu einem Ort des Austauschs und der Inspiration, und das kleine Startup wurde zu einer angesehenen Stimme in der Bewegung für nachhaltige Mode.

Die Reise von "Grün & Glücklich" zeigt, wie die sorgfältige Definition von Zielen und Zielgruppen im Social Media Marketing ein Startup transformieren und ihm helfen kann, seine Botschaft in der digitalen Welt laut und deutlich zu verbreiten. Durch Verständnis, Strategie und Engagement wurde "Grün & Glücklich" zu einem Leuchtturm der Hoffnung in der Flut von Online-Inhalten, ein Beweis dafür, dass auch kleine Unternehmen mit der richtigen Herangehensweise Großes bewirken können.

2.2 Aufbau einer Social Media Marketingstrategie

Stellen Sie sich vor, Sie befinden sich am Anfang einer Expedition in die unendlichen Weiten des digitalen Dschungels, bewaffnet mit nichts als Ihrer Marke und der Vision, Ihre Botschaft in die Welt zu tragen. Das Terrain ist wild, unvorhersehbar und ständig im Wandel. Ihre Mission? Einen Pfad durch diesen Dschungel zu bahnen, der nicht nur Ihre Marke in das Licht der Öffentlichkeit rückt, sondern auch eine loyale Anhängerschaft um Sie versammelt. Der Schlüssel zu dieser Mission ist der Aufbau einer durchdachten Social Media Marketingstrategie.

Ohne eine solche Strategie gleicht Ihr Vorhaben einem Schiff, das ohne Kompass und Karte in See sticht, in der Hoffnung, durch reine Intuition den richtigen Kurs zu finden. Die Entwicklung einer Social Media Marketingstrategie ist daher kein luxuriöses Beiwerk, sondern eine grundlegende Notwendigkeit – sie ist Ihr Kompass, Ihre Karte und Ihr Plan in einem. Sie hilft Ihnen, die richtigen Kanäle zu navigieren, mit Ihrer Zielgruppe in Resonanz zu treten und Ihre Botschaft so zu vermitteln, dass sie nicht nur gehört, sondern auch gefühlt wird.

Doch wie beginnt man diese Reise? Wie entschlüsselt man die Codes der verschiedenen Plattformen, und wie gestaltet man Inhalte, die nicht nur Aufmerksamkeit erregen, sondern auch zum Handeln anregen? Begleiten Sie uns auf der Entdeckungsreise zum Aufbau einer Social Media Marketingstrategie, die nicht nur Ihr Schiff durch stürmische See leitet, sondern es auch sicher zum Ziel bringt.

Der Aufbau einer Social Media Marketingstrategie ist eine Herausforderung, die Struktur, Kreativität und ein tiefes Verständnis für die digitale Welt erfordert. In einer Ära, in der fast jeder online ist und die Stimmen zahlreich sind, ist es entscheidend, dass Ihre Marke nicht nur sichtbar ist, sondern auch eine klare und ansprechende Botschaft vermittelt. Eine effektive Social Media Strategie ermöglicht es Ihnen, Ihre Ziele zu erreichen, sei es die Steigerung der Markenbekanntheit, die Generierung von Leads oder die Förderung des Kundenengagements. Hier sind die wesentlichen Schritte zum Aufbau einer solchen Strategie:

1. Ziele setzen

Bevor Sie überhaupt beginnen, ist es wichtig, zu verstehen, was Sie mit Ihrer Social Media Präsenz erreichen wollen. Ohne klare Ziele ist es schwierig, den Erfolg Ihrer Bemühungen zu messen. Verwenden Sie die SMART-Kriterien, um sicherzustellen, dass Ihre Ziele spezifisch, messbar, erreichbar, relevant und zeitgebunden sind.

2. Die Zielgruppe verstehen

Wissen Sie, wer Ihre Zielgruppe ist? Verstehen Sie deren Bedürfnisse, Vorlieben und Online-Verhaltensweisen? Eine gründliche Analyse Ihrer Zielgruppe ist entscheidend, um Inhalte zu erstellen, die resonieren. Erstellen Sie detaillierte Buyer Personas, um ein klares Bild von den Menschen zu bekommen, die Sie erreichen möchten.

3. Die richtigen Plattformen wählen

Nicht jede Social Media Plattform ist für jedes Unternehmen geeignet. Basierend auf Ihrer Zielgruppe und Ihren Zielen sollten Sie die Plattformen auswählen, die am besten zu Ihrer Marke passen. Konzentrieren Sie Ihre Bemühungen auf die Kanäle, auf denen Ihre Zielgruppe am aktivsten ist.

4. Inhalte planen und erstellen

Inhalt ist König im Reich der sozialen Medien. Ihre Inhaltsstrategie sollte eine Mischung aus informativen, unterhaltsamen und interaktiven Elementen enthalten, die Ihre Marke authentisch repräsentieren. Planen Sie Ihre Inhalte im Voraus und nutzen Sie einen Redaktionskalender, um Konsistenz und Relevanz zu gewährleisten.

5. Engagement fördern

Social Media ist ein Zwei-Wege-Kommunikationskanal. Es geht nicht nur darum, Inhalte zu veröffentlichen, sondern auch darum, mit Ihrer Community zu interagieren. Beantworten Sie Kommentare, beteiligen Sie sich an Gesprächen und fördern Sie das Engagement durch Umfragen, Wettbewerbe und Live-Sessions.

6. Leistung messen und anpassen

Mithilfe von Analytics-Tools können Sie die Leistung Ihrer Social Media Aktivitäten überwachen und verstehen, was funktioniert und was nicht. Analysieren Sie regelmäßig Ihre Daten, um Ihre Strategie anzupassen und zu optimieren.

7. Kontinuierliches Lernen

Die Social Media Landschaft verändert sich ständig. Bleiben Sie auf dem Laufenden über Trends, neue Plattformfunktionen und Best Practices, um Ihre Strategie frisch und relevant zu halten.

Der Aufbau einer Social Media Marketingstrategie ist ein dynamischer Prozess, der Geduld, Engagement und ständige Optimierung erfordert. Indem Sie diese Schritte befolgen, können Sie eine starke Präsenz aufbauen, die Ihre Marke in der digitalen Welt voranbringt und eine loyale Community um sich versammelt.

Julia stand am Anfang ihres Abenteuers. Mit einer großen Leidenschaft für nachhaltige Lebensmittel und einem frisch eröffneten Online-Shop wollte sie die Welt ein Stückchen besser machen. Ihr Ziel war es, regionale Bauern zu unterstützen und ihren Kunden den Zugang zu frischen, umweltfreundlichen Produkten zu erleichtern. Doch trotz ihrer Begeisterung und der Qualität ihrer Produkte, schien Julias Botschaft in der Weite des Internets unterzugehen. Sie wusste, sie musste ihre Strategie ändern, um ihre Zielgruppe zu erreichen und wirklich einen Unterschied zu machen.

Nach vielen Nächten des Nachdenkens und Recherchierens beschloss Julia, eine umfassende Social Media Marketingstrategie zu entwickeln. Der erste Schritt war, sich klar zu machen, was sie erreichen wollte: die Bekanntheit ihrer Marke steigern, eine Community rund um nachhaltige Ernährung aufbauen und letztendlich den Absatz steigern. Mit diesen Zielen im Blick, tauchte sie tief in die Welt ihrer potenziellen Kunden ein, lernte ihre Vorlieben, Werte und das Online-Verhalten kennen.

Ihre Recherche führte sie zu der Erkenntnis, dass ihre Zielgruppe besonders aktiv auf Instagram und Facebook war. Sie entschied sich, diese Plattformen zu nutzen, um ihre Botschaft zu verbreiten. Julia begann, eine Inhaltsstrategie zu entwickeln, die auf den Prinzipien der Authentizität und Transparenz basierte. Sie teilte Geschichten von den Bauern, mit denen sie zusammenarbeitete, gab Einblicke in den Prozess der Lebensmittelproduktion und kreierte ansprechende, informative Inhalte rund um das Thema Nachhaltigkeit.

Um das Engagement zu fördern, startete Julia regelmäßige Interaktionen mit ihrer wachsenden Community. Sie antwortete auf jeden Kommentar, startete Diskussionen zu relevanten Themen und organisierte Live-Q&A-Sessions, in denen sie Fragen rund um nachhaltige Ernährung beantwortete. Darüber hinaus führte sie Wettbewerbe und Challenges ein, die ihre Follower dazu ermutigten, selbst kreativ zu werden und ihre eigenen Erfahrungen mit nachhaltigen Lebensmitteln zu teilen.

Mit der Zeit begann Julia, die Früchte ihrer Arbeit zu ernten. Ihre Follower-Zahlen stiegen stetig an, und die Interaktion auf ihren

Kanälen florierte. Doch was ihr am meisten Freude bereitete, war die positive Rückmeldung und das wachsende Bewusstsein für Nachhaltigkeit, das sie in ihrer Community beobachten konnte. Kunden schickten ihr Bilder der Gerichte, die sie mit ihren Produkten zubereitet hatten, und teilten Geschichten darüber, wie der Wechsel zu nachhaltigen Lebensmitteln ihr Leben verändert hatte.

Julias Erfolg war kein Zufall. Er war das Ergebnis einer sorgfältig geplanten und umgesetzten Social Media Marketingstrategie, die auf authentischen Inhalten und echter Interaktion basierte. Sie hatte nicht nur ihren Online-Shop zum Erfolg geführt, sondern auch eine Bewegung ins Leben gerufen, die Menschen dazu inspirierte, bewusster zu leben und zu konsumieren. Julias Geschichte zeigt, dass mit der richtigen Strategie und viel Herzblut jeder Einzelne einen Unterschied machen kann.

2.3 Wichtige Kennzahlen (KPIs) zur Erfolgsmessung

Stellen Sie sich vor, Sie navigieren durch die unendlichen Weiten des Social Media Universums, auf der Suche nach dem Schatz des Marketingerfolgs. Sie haben eine Karte, die Ihnen den Weg weist, und ein Schiff, das bereit ist, die Segel zu setzen. Doch wie erkennen Sie, ob Sie auf dem richtigen Kurs sind? Wie messen Sie den Fortschritt Ihrer Reise? Die Antwort liegt in den Sternen – den Sternen der Erfolgsmessung, bekannt als wichtige Kennzahlen oder Key Performance Indicators (KPIs).

In der Welt des Social Media Marketings sind KPIs unverzichtbare Instrumente, die Ihnen nicht nur zeigen, wo Sie stehen, sondern auch, wohin Sie steuern. Ohne diese Messgrößen segeln Sie blindlings durch das Meer der digitalen Kommunikation, ohne zu wissen, ob Ihre Strategien Wirkung zeigen oder Ihre Botschaften ihr Ziel erreichen. KPIs sind die Leuchtfeuer, die Ihren Weg erhellen, Ihnen helfen, Kurskorrekturen vorzunehmen, und letztendlich den Erfolg Ihrer Marke in der digitalen Welt sichern.

Die Messung des Erfolgs im Social Media Marketing ist entscheidend, um zu verstehen, ob und wie die gesetzten Ziele erreicht werden. Um diesen Erfolg zu quantifizieren, bedarf es der Festlegung und Überwachung von Key Performance Indicators (KPIs). Diese Kennzahlen bieten Einblicke in die Wirksamkeit Ihrer Strategien und Kampagnen, ermöglichen die Bewertung des ROI (Return on Investment) und helfen, informierte Entscheidungen für zukünftige Aktivitäten zu treffen. Hier sind einige der wichtigsten KPIs, die jedes Unternehmen im Auge behalten sollte:

1. Reichweite und Impressions

Die Reichweite gibt an, wie viele einzigartige Nutzer Ihre Inhalte gesehen haben, während Impressions die Gesamtzahl der Male widerspiegeln, wie oft ein Beitrag angezeigt wurde. Diese Kennzahlen helfen zu verstehen, wie weit Ihre Botschaft verbreitet wird und wie sichtbar Ihre Marke im Social Media Raum ist.

2. Engagement

Engagement umfasst Likes, Kommentare, Shares und Clicks. Es ist ein direkter Indikator dafür, wie Nutzer mit Ihren Inhalten interagieren. Ein hohes Engagement weist darauf hin, dass Ihre Inhalte resonieren und die Zielgruppe dazu animieren, aktiv zu werden. Die Engagement-Rate, berechnet als Prozentsatz der Interaktionen im Verhältnis zur Reichweite oder den Impressions, bietet einen tieferen Einblick in die Effektivität Ihrer Inhalte.

3. Wachstumsrate der Follower

Die Wachstumsrate der Follower spiegelt wider, wie schnell Ihre Community wächst. Eine stetige Zunahme der Followerzahl ist ein

Zeichen dafür, dass Ihre Inhalte Anklang finden und Ihre Marke an Zugkraft gewinnt.

4. Konversionsrate

Die Konversionsrate misst, wie viele der durch Social Media generierten Leads zu einer gewünschten Aktion führen, sei es ein Kauf, eine Anmeldung für einen Newsletter oder eine Anfrage über ein Kontaktformular. Diese Kennzahl ist entscheidend für die Bewertung des finanziellen Erfolgs Ihrer Social Media Bemühungen.

5. Click-Through-Rate (CTR)

Die CTR gibt an, welcher Prozentsatz der Nutzer, die einen Beitrag gesehen haben, auf einen Link geklickt hat. Eine hohe CTR weist darauf hin, dass Ihre Inhalte ansprechend genug sind, um Nutzer zu einer weiterführenden Aktion zu bewegen.

6. Kosten pro Lead (CPL) und Kosten pro Konversion (CPC)

Diese Kennzahlen sind besonders wichtig für bezahlte Social Media Kampagnen. Der CPL gibt an, wie viel Geld im Durchschnitt ausgegeben werden muss, um einen Lead zu generieren, während der CPC die Kosten für die Erzielung einer Konversion, wie z.B. einen Verkauf, misst.

7. Sentiment-Analyse

Obwohl schwerer quantifizierbar, bietet die Sentiment-Analyse wertvolle Einblicke in die Wahrnehmung Ihrer Marke. Durch die Analyse der Tonalität der Kommentare und Erwähnungen können Sie verstehen, wie Ihre Marke von der Öffentlichkeit wahrgenommen wird.

Die regelmäßige Überwachung dieser KPIs ermöglicht es Ihnen, den Puls Ihrer Social Media Präsenz zu fühlen, Stärken und Schwächen zu identifizieren und Ihre Strategie entsprechend anzupassen. Erinnern Sie sich, dass der Schlüssel zum Erfolg in der Anpassungsfähigkeit liegt – in der Fähigkeit, aus Daten zu lernen und Ihre Taktiken fortlaufend zu optimieren, um Ihre Ziele zu erreichen.

Lara betrieb einen kleinen Online-Shop für handgefertigte Schmuckstücke. Als kreative Seele war sie leidenschaftlich daran interessiert, ihre Kreationen mit der Welt zu teilen, und Social Media schien der perfekte Kanal dafür zu sein. Trotz anfänglicher Begeisterung stieß sie jedoch schnell auf eine Herausforderung: Wie konnte sie messen, ob ihre Social Media Aktivitäten tatsächlich einen Unterschied machten?

Anfangs postete Lara einfach Fotos ihrer Schmuckstücke auf Instagram und Facebook, in der Hoffnung, Aufmerksamkeit zu erregen. Doch ohne klare Ziele oder ein Verständnis für die Bedeutung von KPIs blieben die Ergebnisse hinter ihren Erwartungen zurück. Das änderte sich alles, als sie beschloss, einen Workshop über Social Media Marketing zu besuchen.

In diesem Workshop lernte Lara, wie wichtig es ist, spezifische, messbare Ziele zu setzen und die richtigen KPIs zu überwachen, um den Erfolg ihrer Bemühungen zu bewerten. Inspiriert von dieser neuen Erkenntnis, setzte Lara sich klare Ziele: die Steigerung der Markenbekanntheit, die Erhöhung des Engagements und letztendlich die Steigerung des Umsatzes durch ihren Online-Shop.

Sie begann, ihre Fortschritte sorgfältig zu überwachen, von der Reichweite und den Impressions ihrer Beiträge bis hin zum Engagement und der Konversionsrate. Lara nutzte Tools zur Analyse ihrer Social Media Aktivitäten und stellte fest, dass Posts, die die Geschichten hinter ihren Schmuckstücken erzählten, eine höhere Engagement-Rate aufwiesen als reine Produktfotos. Diese Erkenntnis führte zu einem kreativen Durchbruch.

Lara startete eine Kampagne mit dem Titel "Die Geschichten hinter dem Schmuck", in der sie nicht nur ihre Produkte, sondern auch die Inspiration und die Handwerkskunst hinter jedem Stück teilte. Sie ermutigte ihre Follower, ihre eigenen Geschichten zu teilen, wie sie zu Schmuckstücken kamen, die ihnen besonders am Herzen lagen. Die Kampagne war ein voller Erfolg und führte zu einem signifikanten Anstieg des Engagements und der Follower-Zahlen. Noch wichtiger war, dass Lara einen Anstieg der Besuche auf ihrer Webseite und eine spürbare Steigerung der Verkäufe verzeichnete.

Am Ende des Jahres konnte Lara stolz zurückblicken und feststellen, dass ihre strategische Nutzung von KPIs zur Erfolgsmessung ihr nicht nur half, ihre Ziele zu erreichen, sondern auch eine engagierte Community um ihre Marke aufzubauen. Die Daten, die sie sammelte, boten unschätzbare Einblicke in die Vorlieben und Bedürfnisse ihrer Zielgruppe, was ihr ermöglichte, ihre Strategien kontinuierlich zu verfeinern und zu verbessern.

3. Inhalte mit Impact: Content-Erstellung und -Management

3.1 Content-Strategie: Planung, Erstellung und Veröffentlichung

In der digitalen Ära, wo jeder Klick, jedes Like und jeder Kommentar zählt, gleicht die Erstellung von Online-Inhalten der Kunst des Geschichtenerzählens, gepaart mit der Präzision eines Uhrmachers. Hier, in diesem unendlichen digitalen Ozean, in dem Inhalte die Wellen sind, die Marken in die Sichtbarkeit oder in die Vergessenheit tragen können, liegt das Geheimnis nicht nur im "Was", sondern im "Wie" und "Wann". Die Planung, Erstellung und Veröffentlichung von Inhalten – die Säulen einer erfolgreichen Content-Strategie – sind wie die Zutaten eines Zaubertranks, der die Macht hat, Zielgruppen zu fesseln, Markenidentitäten zu stärken und letztlich den Erfolg in sozialen Netzwerken zu sichern.

Stellen Sie sich vor, Sie sind ein Architekt, der nicht nur darauf abzielt, ein Gebäude zu errichten, sondern eine Struktur zu schaffen, die sowohl auffällt als auch den Test der Zeit besteht. Ähnlich verhält es sich mit der Content-Strategie: Es geht nicht nur darum, Inhalte zu produzieren, sondern darum, Inhalte mit Bedeutung, Relevanz und Timing zu kreieren, die eine Brücke zwischen Marke und Publikum bauen. Wie aber entwirft man einen Plan, der nicht nur die Aufmerksamkeit erregt, sondern auch das Engagement fördert und die gewünschte Wirkung erzielt?

Die Content-Strategie bildet das Rückgrat jeder erfolgreichen Marketingbemühung im digitalen Zeitalter. Sie ist das strategische Gerüst, das nicht nur die Richtung vorgibt, sondern auch sicherstellt, dass jeder Inhalt, den Sie erstellen und teilen, mit einem klaren Zweck verbunden ist. Die Planung, Erstellung und Veröffentlichung von Inhalten ist ein dreistufiger Prozess, der Geduld, Kreativität und eine fortlaufende Anpassung erfordert, um effektiv mit Ihrer Zielgruppe zu kommunizieren und Ihre Unternehmensziele zu erreichen.

1. Planung

Die Planungsphase ist entscheidend für den Erfolg Ihrer Content-Strategie. Hier legen Sie die Grundsteine, indem Sie definieren, was Sie erreichen möchten und wie Sie es erreichen können. Dies beinhaltet:

- **Zielsetzung:** Bestimmen Sie, was Sie mit Ihrer Content-Strategie erreichen möchten. Möchten Sie die Markenbekanntheit steigern, Leads generieren, oder das Engagement fördern?
- **Zielgruppenanalyse:** Verstehen Sie, wer Ihre Zielgruppe ist, was sie interessiert, und wo sie online Zeit verbringt. Das hilft Ihnen, relevante Themen und Formate zu identifizieren.
- **Content-Audit:** Überprüfen Sie bestehende Inhalte, um zu verstehen, was gut funktioniert und wo Verbesserungsbedarf besteht.
- **Themenplanung und Redaktionskalender:** Entwickeln Sie eine Liste von Themen, die für Ihre Zielgruppe von Interesse sind, und planen Sie diese in einem Redaktionskalender. Berücksichtigen Sie saisonale Ereignisse, Branchentrends und Unternehmensmeilensteine.

2. Erstellung

In dieser Phase geht es darum, Ihre Ideen zum Leben zu erwecken und Inhalte zu erstellen, die nicht nur aufmerksamkeitserregend, sondern auch wertvoll und relevant für Ihre Zielgruppe sind. Dies beinhaltet:

- **Inhaltsformate:** Entscheiden Sie, welche Formate Sie nutzen möchten – Blogbeiträge, Videos, Infografiken, Podcasts oder Social Media Posts. Jedes Format hat seine Stärken und eignet sich für unterschiedliche Arten von Botschaften.
- **Qualität und Konsistenz:** Stellen Sie sicher, dass Ihre Inhalte von hoher Qualität sind und einheitlich Ihre Markenwerte und -persönlichkeit widerspiegeln.
- **SEO-Optimierung:** Integrieren Sie SEO-Praktiken in Ihre Inhalte, um deren Sichtbarkeit in Suchmaschinen zu erhöhen und mehr organisches Publikum zu erreichen.
- **Storytelling:** Nutzen Sie Storytelling, um eine emotionale Verbindung mit Ihrer Zielgruppe aufzubauen und Ihre Botschaften memorabel zu machen.

3. Veröffentlichung und Promotion

Nachdem die Inhalte erstellt sind, geht es darum, sie zur richtigen Zeit über die richtigen Kanäle zu veröffentlichen und zu fördern. Dies beinhaltet:

- **Timing:** Veröffentlichen Sie Ihre Inhalte, wenn Ihre Zielgruppe am aktivsten ist. Nutzen Sie Analysen, um die optimalen Zeiten für die Veröffentlichung zu bestimmen.
- **Kanalauswahl:** Wählen Sie die Kanäle, die am besten zu Ihren Inhalten passen und wo Ihre Zielgruppe präsent ist.
- **Promotion:** Verlassen Sie sich nicht nur auf organische Reichweite. Nutzen Sie bezahlte Werbung, Influencer-Marketing und Partnerschaften, um Ihre Inhalte einem breiteren Publikum vorzustellen.
- **Messung und Anpassung:** Überwachen Sie die Leistung Ihrer Inhalte und nutzen Sie die gewonnenen Erkenntnisse, um Ihre Strategie kontinuierlich zu optimieren.

Eine durchdachte Content-Strategie, die diese drei Schlüsselelemente integriert, ermöglicht es Ihnen, effektiv mit Ihrer Zielgruppe zu kommunizieren, Ihre Markenziele zu erreichen und sich in der digitalen Welt erfolgreich zu positionieren.

Fallstudie: Der Durchbruch von "EcoEssentials" durch eine zielgerichtete Content-Strategie

Hintergrund

"EcoEssentials" ist ein Startup, das sich auf nachhaltige Haushaltsprodukte spezialisiert hat. Trotz eines starken Engagements für Umweltfreundlichkeit und hochwertige Produkte, kämpfte das Unternehmen anfänglich damit, eine signifikante Online-Präsenz aufzubauen und seine Zielgruppe effektiv zu erreichen.

Herausforderung

Die größte Herausforderung für "EcoEssentials" bestand darin, aus der Masse ähnlicher Marken hervorzustechen und eine klare, ansprechende Botschaft zu kommunizieren, die nicht nur informiert, sondern auch zum Handeln anregt. Das Unternehmen benötigte eine durchdachte Content-Strategie, um Bewusstsein zu schaffen, Vertrauen aufzubauen und letztendlich den Umsatz zu steigern.

Strategie

1. Planungsphase

Das "EcoEssentials"-Team begann mit der Festlegung klarer Ziele für ihre Content-Strategie: Steigerung der Markenbekanntheit, Aufbau einer engagierten Community und Förderung der Umstellung auf nachhaltige Produkte. Eine umfassende Zielgruppenanalyse enthüllte, dass ihre Kernzielgruppe aus umweltbewussten Millennials bestand, die Wert auf Transparenz, Authentizität und praktische Nachhaltigkeitstipps legten.

2. Erstellungsphase

Aufbauend auf diesen Erkenntnissen entwickelte "EcoEssentials" eine Reihe von Content-Formaten, darunter:

- **Blogbeiträge:** Detaillierte Artikel über Nachhaltigkeit im Alltag, die Vorteile der Produkte und Hintergrundgeschichten zu den Lieferketten.
- **How-to-Videos:** Praktische Anleitungen zur Verwendung der Produkte und Tipps für einen nachhaltigeren Lebensstil.
- **Infografiken:** Visuell ansprechende Darstellungen von Daten und Fakten zum Thema Umweltschutz.

Jeder Inhalt wurde sorgfältig darauf ausgerichtet, die Markenwerte zu kommunizieren und gleichzeitig informativ und unterhaltsam zu sein.

3. Veröffentlichungs- und Promotionsphase

"EcoEssentials" nutzte primär Instagram und Pinterest, um seine Zielgruppe zu erreichen, basierend auf der Erkenntnis, dass diese Plattformen besonders beliebt bei der definierten Zielgruppe sind. Die Veröffentlichung der Inhalte wurde strategisch geplant, um die höchstmögliche Sichtbarkeit zu erreichen. Zudem setzte das Unternehmen auf Influencer-Marketing, um seine Reichweite zu erweitern und Glaubwürdigkeit aufzubauen.

Ergebnisse

Innerhalb von sechs Monaten erzielte "EcoEssentials" bemerkenswerte Ergebnisse:

- Die Follower-Zahl auf Instagram stieg um 200%.
- Die Engagement-Rate auf den Hauptplattformen verdoppelte sich.

- Der Traffic auf der Webseite erhöhte sich um 150%, was direkt zu einem Umsatzanstieg von 120% führte.

Fazit

Die Fallstudie von "EcoEssentials" zeigt eindrucksvoll, wie eine gut durchdachte Content-Strategie ein Unternehmen transformieren kann. Durch die Fokussierung auf relevante Inhalte, die die Interessen und Werte ihrer Zielgruppe ansprechen, gelang es "EcoEssentials", sich als vertrauenswürdige Marke im Bereich der nachhaltigen Produkte zu etablieren. Diese Strategie unterstreicht die Bedeutung von Planung, Erstellung und gezielter Veröffentlichung von Inhalten, um in der digitalen Landschaft erfolgreich zu sein.

3.2 Storytelling und visuelle Kommunikation

Wie kann man in dem endlosen Meer der digitalen Kommunikation eine Welle schlagen, die stark genug ist, um Aufmerksamkeit zu erregen? Die Antwort liegt in der uralten Kunst des Storytellings, kombiniert mit der Kraft der visuellen Kommunikation.

Stellen Sie sich vor, jede Ihrer Botschaften könnte nicht nur gesehen, sondern gefühlt werden, jede Geschichte könnte nicht nur gehört, sondern erlebt werden. Im digitalen Zeitalter ist dies keine ferne Fantasie, sondern eine greifbare Realität. Storytelling und visuelle Kommunikation sind die Zauberstäbe in den Händen von Marken, die es verstehen, ihre Botschaft nicht nur zu vermitteln, sondern sie zum Leben zu erwecken und eine unauslöschliche Spur im Herzen und im Verstand ihrer Zielgruppe zu hinterlassen.

Betreten Sie die Bühne des digitalen Storytellings, wo Bilder mehr als nur tausend Worte sagen und Geschichten die Macht haben, Brücken zu bauen, Perspektiven zu ändern und die Welt zu bewegen.

Da die Aufmerksamkeitsspanne in der heutigen schnelllebigen Welt kürzer denn je ist, gewinnen Storytelling und visuelle Kommunikation zunehmend an Bedeutung. Diese beiden Elemente, richtig eingesetzt, haben die Kraft, Markenbotschaften zu verstärken, emotionale Verbindungen zu schaffen und letztlich die Entscheidungen und Aktionen des Publikums zu beeinflussen.

Storytelling ist die Kunst, Geschichten zu erzählen, die resonieren und einen nachhaltigen Eindruck hinterlassen. Es geht darum, einen narrativen Faden zu spinnen, der die Menschen nicht nur informiert, sondern auch inspiriert und emotional berührt. In der Welt des Marketings bedeutet effektives Storytelling, die Werte und die Mission einer Marke in eine Geschichte zu verwandeln, die authentisch, einprägsam und teilenswert ist.

Visuelle Kommunikation nutzt Bilder, Videos, Infografiken und andere visuelle Elemente, um Botschaften zu übermitteln. In einer Zeit, in der visuelle Inhalte mehr Engagement generieren als reiner Text, ist die visuelle Kommunikation unverzichtbar, um die Aufmerksamkeit der Zielgruppe zu gewinnen und komplexe Informationen schnell und effektiv zu vermitteln.

Die Kombination von Storytelling und visueller Kommunikation ermöglicht es Marken, eine tiefere Ebene der Interaktion und des Engagements zu erreichen:

1. **Emotionale Verbindung:** Geschichten, die Emotionen wecken, bleiben länger im Gedächtnis und fördern eine stärkere Bindung zur Marke. Visuelle Elemente verstärken diese emotionale Wirkung, indem sie die Geschichte zum Leben erwecken.

2. **Erhöhte Aufmerksamkeit:** In einer Welt voller Ablenkungen helfen visuell ansprechende Geschichten dabei, die Aufmerksamkeit des Publikums zu fangen und zu halten. Ein starkes visuelles Element kann oft der Schlüssel sein, um jemanden dazu zu bringen, innezuhalten und zuzuhören.

3. **Besseres Verständnis:** Komplexe oder abstrakte Konzepte können durch Geschichten und visuelle Darstellungen vereinfacht und greifbar gemacht werden. Dies erleichtert das Verständnis und erhöht die Wahrscheinlichkeit, dass die Botschaft ankommt und behalten wird.

4. **Förderung der Identifikation:** Indem Sie Geschichten aus der Perspektive Ihrer Zielgruppe erzählen und visuelle Elemente nutzen, die sie ansprechen, fördern Sie die Identifikation mit Ihrer Marke. Dies kann zur Entwicklung einer loyalen Community führen, die sich mit Ihren Werten identifiziert und Ihre Inhalte gerne teilt.

Für die Umsetzung einer erfolgreichen Strategie, die Storytelling und visuelle Kommunikation integriert, sollten Marken folgende Punkte beachten:

• **Kenntnis der Zielgruppe:** Verstehen Sie, welche Geschichten und visuellen Inhalte bei Ihrer Zielgruppe Anklang finden.

• **Authentizität:** Bleiben Sie Ihrer Marke treu. Authentische Geschichten und Bilder erzeugen Vertrauen und Glaubwürdigkeit.

• **Kreativität:** Experimentieren Sie mit verschiedenen Formaten und Stilen, um herauszufinden, was am besten funktioniert.

• **Konsistenz:** Sorgen Sie für eine konsistente Markenbotschaft und visuelle Identität über alle Kanäle hinweg.

Indem Sie die Prinzipien des Storytellings und der visuellen Kommunikation meistern, können Sie eine starke Marke aufbauen, die nicht nur gesehen, sondern auch gefühlt und erinnert wird.

Eine kleine, aber leidenschaftliche Kaffeerösterei namens "Aroma des Morgens", die inmitten der lebhaften Stadt S. ihr bescheidenes Dasein fristete. Der Gründer, ein ehemaliger Weltreisender namens Jakob, hatte es sich zur Aufgabe gemacht, die Geschichten und Aromen der von ihm besuchten Länder durch seine Kaffeebohnen zu teilen. Doch trotz der hohen Qualität seines Kaffees und seiner Hingabe fand "Aroma des Morgens" nur schwer Gehör in der digitalen Welt.

Eines Tages entschied sich Jakob, die Geschichte seiner Rösterei und seiner Reisen durch eine neue Social Media Strategie zu erzählen, die das Herzstück seiner Marke in den Vordergrund rückte: Storytelling und visuelle Kommunikation. Er begann, nicht nur Fotos seiner Kaffeebohnen zu posten, sondern auch die Geschichten hinter jedem Kaffee: von den sonnigen Hängen Äthiopiens, über die nebelverhangenen Berge Kolumbiens bis zu den fruchtbaren Vulkanböden Guatemalas.

Jede Woche teilte Jakob eine neue Geschichte, begleitet von atemberaubenden Bildern der Farmen, den Kaffeebauern und ihren Familien sowie den malerischen Landschaften, aus denen seine Bohnen stammten. Er erzählte von seiner Begegnung mit Ana, einer Kaffeebäuerin aus Honduras, die trotz schwieriger Bedingungen für die beste Qualität ihrer Bohnen kämpfte. Er teilte Videos, in denen die Kunst des Kaffeeröstens gezeigt wurde, die subtile Balance zwischen Temperatur und Zeit, um das perfekte Aroma freizusetzen.

Mit jeder Geschichte, die Jakob teilte, wuchs nicht nur die Followerzahl von "Aroma des Morgens", sondern auch die Bindung und das Engagement seiner Community. Menschen begannen, seine

Beiträge zu kommentieren und eigene Erfahrungen mit Kaffee aus verschiedenen Teilen der Welt zu teilen. Sie schätzten die Transparenz und die Einblicke in die Herkunft ihres Kaffees, was in der Branche nicht selbstverständlich war.

Ein Wendepunkt kam, als Jakob eine Serie von "Behind-the-Scenes"-Storys startete, in denen er den gesamten Prozess von der Bohne bis zur Tasse dokumentierte. Diese Einblicke in die sorgfältige Handwerkskunst und die Leidenschaft, die in jedem Schritt steckte, verstärkten das Bild von "Aroma des Morgens" als eine Marke, die Qualität und Authentizität verkörperte.

Durch das gekonnte Zusammenspiel von Storytelling und visueller Kommunikation gelang es "Aroma des Morgens", eine treue Anhängerschaft aufzubauen und sich als eine der führenden Kaffeeröstereien in der Stadt zu etablieren. Kunden kamen nicht nur wegen des Kaffees, sondern auch, um Teil der Geschichten zu sein, die Jakob mit so viel Liebe teilte.

Die Geschichte von "Aroma des Morgens" ist ein Beleg dafür, wie mächtig die Kombination aus Storytelling und visueller Kommunikation sein kann. Sie zeigt, dass es in der digitalen Welt nicht ausreicht, einfach nur präsent zu sein. Marken müssen eine Geschichte zu erzählen haben, die berührt, inspiriert und eine Brücke schlägt zwischen dem Produkt und dem Herzen der Kunden.

3.3 Umgang mit Content-Management-Systemen und Planungstools

Stellen Sie sich vor, Sie wären ein Dirigent, der vor dem großen Orchester des digitalen Marketings steht. Jedes Instrument – von den Blogbeiträgen über die Social Media Posts bis hin zu den E-Mail-Kampagnen – muss perfekt gestimmt sein, um in Harmonie zu spielen. Doch wie behält man den Überblick und sorgt für eine symphonische Darbietung, ohne dabei den Takt zu verlieren? Hier kommen Content-Management-Systeme und Planungstools ins Spiel, die nicht weniger als den Taktstock in Ihren Händen darstellen.

In der digitalen Welt, wo Content König ist und die Konkurrenz nur einen Klick entfernt liegt, ist die Koordination und Verwaltung Ihrer Inhalte entscheidender denn je. Content-Management-Systeme und Planungstools sind die unsichtbaren Helfer im Hintergrund, die es ermöglichen, dass jede Note zur richtigen Zeit am richtigen Ort erklingt. Sie sind das Rückgrat einer jeden Content-Strategie, das sicherstellt, dass Ihre Botschaften nicht nur gehört, sondern auch gefeiert werden.

Die Digitalisierung hat die Art und Weise, wie Marken und Unternehmen mit ihrer Zielgruppe kommunizieren, grundlegend verändert. Content-Management-Systeme (CMS) und Planungstools spielen eine entscheidende Rolle in diesem Prozess, indem sie die Erstellung, Verwaltung und Veröffentlichung von Inhalten effizient und effektiv gestalten. Diese Werkzeuge sind unerlässlich für jede Marketingstrategie, die darauf abzielt, in der heutigen schnelllebigen digitalen Landschaft erfolgreich zu sein.

Content-Management-Systeme (CMS)

Ein CMS ist eine Softwareanwendung, die es Benutzern ermöglicht, digitale Inhalte zu erstellen, zu bearbeiten, zu verwalten und zu veröffentlichen, ohne spezielle technische Kenntnisse zu benötigen. CMS bieten eine Benutzeroberfläche, die das Hinzufügen, Modifizieren und Entfernen von Inhalten vereinfacht, während im Hintergrund der Code automatisch generiert wird. Zu den beliebtesten CMS gehören WordPress, Joomla und Drupal, die für ihre Flexibilität, Benutzerfreundlichkeit und die große Auswahl an Erweiterungen und Plugins bekannt sind.

Planungstools

Planungstools, oft integriert in CMS oder als eigenständige Anwendungen verfügbar, unterstützen Marketer bei der Organisation und Automatisierung ihrer Content-Veröffentlichungen. Diese Tools ermöglichen es, Inhalte im Voraus zu planen und zu terminieren, sodass sie automatisch zu einem festgelegten Zeitpunkt veröffentlicht werden. Dadurch können Marketingteams ihre Strategien effizient umsetzen und sicherstellen, dass ihre Inhalte konsistent und pünktlich erscheinen. Beliebte Planungstools umfassen Hootsuite, Buffer und CoSchedule, die alle über Funktionen verfügen, die die Planung und Analyse von Content über verschiedene Plattformen hinweg vereinfachen.

Vorteile der Nutzung von CMS und Planungstools

- **Effizienz:** Automatisierung der Content-Veröffentlichung spart Zeit und Ressourcen.
- **Konsistenz:** Ermöglicht eine konsistente Präsenz über verschiedene Kanäle hinweg, was für den Markenaufbau essenziell ist.
- **Zusammenarbeit:** Viele dieser Tools bieten Funktionen für die Teamarbeit, einschließlich Workflow-Management und Rollenzuweisungen.
- **Analyse und Reporting:** Integrierte Analysetools liefern wertvolle Einblicke in die Performance Ihrer Inhalte, sodass Sie Ihre Strategie entsprechend anpassen können.
- **Zugänglichkeit:** Cloud-basierte Lösungen ermöglichen den Zugriff von überall und jederzeit, was besonders für Teams, die remote arbeiten, vorteilhaft ist.

Best Practices für den Umgang mit CMS und Planungstools

- **Schulung und Weiterbildung:** Stellen Sie sicher, dass Ihr Team geschult ist und bleibt, um das volle Potenzial der Tools auszuschöpfen.
- **Content-Audit:** Führen Sie regelmäßig Audits durch, um veralteten oder irrelevanten Content zu identifizieren und zu aktualisieren.
- **Datensicherheit:** Achten Sie auf die Sicherheitsfeatures Ihres CMS, insbesondere wenn Sie mit sensiblen Informationen arbeiten.
- **Integration:** Nutzen Sie Integrationen und Plugins, um Ihre Effizienz weiter zu steigern und ein nahtloses Ökosystem für Ihre digitalen Marketingbemühungen zu schaffen.

Die richtige Kombination und Nutzung von Content-Management-Systemen und Planungstools kann die Art und Weise, wie Sie Inhalte erstellen und teilen, revolutionieren. Sie ermöglichen nicht nur eine effizientere Arbeitsweise, sondern auch eine stärkere und konsistentere Markenpräsenz in der digitalen Welt.

In der malerischen Kleinstadt Lüneburg betrieb die ambitionierte Unternehmerin Sophie eine Boutique namens "FadenGold", die sich auf handgefertigte Mode und Accessoires spezialisierte. Sophies Leidenschaft für Nachhaltigkeit und individuelles Design war in jedem Stück spürbar, doch sie fand es herausfordernd, ihre einzigartige Marke in der digitalen Landschaft zu etablieren. Ihre Social Media Posts erreichten selten die gewünschte Zielgruppe, und die Aktualisierung ihrer Website fühlte sich oft wie ein Marathon an. Das änderte sich alles, als sie auf das Content-Management-System WordPress stieß, kombiniert mit dem Planungstool **CoSchedule**.

Sophie entschied sich für WordPress wegen seiner Benutzerfreundlichkeit und Flexibilität. Sie gestaltete eine Website, die nicht nur ihre Produkte, sondern auch die Geschichten hinter den handgefertigten Stücken präsentierte. WordPress ermöglichte es ihr, einen Blog zu integrieren, auf dem sie regelmäßig über nachhaltige Mode und die Reise ihrer Marke berichtete.

Um die Verwaltung ihrer Inhalte und die Planung ihrer Social Media Beiträge zu vereinfachen, integrierte Sophie CoSchedule direkt in ihr WordPress-System. Diese Entscheidung erwies sich als Wendepunkt für "FadenGold". CoSchedule ermöglichte es Sophie, ihre gesamten Marketingaktivitäten auf einer Plattform zu bündeln – von Blogbeiträgen über Social Media Updates bis hin zu E-Mail-Kampagnen. Sie konnte Inhalte Wochen im Voraus planen und automatisch veröffentlichen lassen, was ihr wertvolle Zeit sparte und eine konsistente Präsenz sicherstellte.

Die wahre Stärke dieser Kombination zeigte sich in der "Grünen Woche" – einer Kampagne, die Sophie ins Leben rief, um das Bewusstsein für nachhaltige Mode zu schärfen. Mit CoSchedule plante sie eine Woche voller täglicher Blogposts, die die Geschichten hinter ihren Produkten erzählten, begleitet von gezielten Social Media Beiträgen, die zur Interaktion einluden. Jeder Post war sorgfältig auf den nächsten abgestimmt, um eine zusammenhängende Story zu erzählen.

Die Resonanz übertraf alle Erwartungen. Die "Grüne Woche" generierte nicht nur ein beispielloses Engagement in ihren Social Media Kanälen, sondern führte auch zu einem signifikanten Anstieg der Website-Besuche und, was am wichtigsten war, zu einem Umsatzwachstum. Durch die Analysefunktionen von CoSchedule konnte Sophie zudem wertvolle Einblicke in das Verhalten und die Vorlieben ihrer Zielgruppe gewinnen, die sie nutzte, um ihre zukünftigen Marketingstrategien weiter zu verfeinern.

Die Geschichte von "FadenGold" und Sophie ist ein inspirierendes Beispiel dafür, wie die richtigen digitalen Werkzeuge – in diesem Fall WordPress in Kombination mit CoSchedule – kleine Unternehmen transformieren können. Sie illustriert, wie eine effektive Content-Strategie, unterstützt durch leistungsstarke Tools, nicht nur die Reichweite und Sichtbarkeit erhöht, sondern auch echte Verbindungen zu Kunden aufbaut und nachhaltiges Wachstum fördert.

> **CoSchedule** ist ein umfassendes WordPress-Plugin, das Marketern hilft, ihre Inhalte und Marketingprojekte effizient zu organisieren. Es bietet eine breite Palette an Funktionen, darunter einen Marketingkalender, Inhalts-, Arbeits- und Asset-Organizer. Durch die Integration mit beliebten Tools erleichtert CoSchedule die Verwaltung von Marketingaktivitäten und die Optimierung von Arbeitsabläufen. Mit positiven Bewertungen für seine Funktionalität und Effizienz, unterstützt das Plugin mehr als 50.000 Marketer weltweit, indem es ihnen ermöglicht, mehr hochwertige Arbeit in kürzerer Zeit zu erledigen. Für weitere Details, besuchen Sie bitte die WordPress-Plugin-Seite von CoSchedule[1].

---

[1] https://wordpress.org/plugins/coschedule-by-todaymade/

4. Wachstum durch Engagement: Community-Aufbau und -Management

4.1 Best Practices für den Aufbau einer loyalen Community

In der Welt des digitalen Marketings gleicht der Aufbau einer loyalen Community der Züchtung eines exotischen Gartens inmitten einer Wüste. Es ist eine Kunst, die Geduld, Hingabe und ein tiefes Verständnis dafür erfordert, was die Pflanzen – oder in diesem Fall die Community – zum Gedeihen bringt. Eine treue Anhängerschaft ist kein Zufallsprodukt; sie ist das Ergebnis sorgfältig gepflegter Beziehungen, die auf Vertrauen, Authentizität und gegenseitigem Respekt basieren. Doch wie schafft man es, aus sporadischen Interaktionen eine blühende, engagierte Gemeinschaft zu formen, die die Marke nicht nur unterstützt, sondern mit ihr wächst und gedeiht?

Die Antwort liegt in den Best Practices für den Aufbau einer loyalen Community. Diese Praktiken sind wie das Gießkannen- und Düngemittel des digitalen Gärtners – notwendige Werkzeuge, um eine Umgebung zu schaffen, in der Loyalität blühen kann. In einer Zeit, in der Konsumenten von Werbebotschaften überflutet werden, bietet der Aufbau einer Gemeinschaft, die Ihre Marke wertschätzt und verteidigt, einen unschätzbaren Vorteil.

Der Aufbau einer loyalen Community ist eine zentrale Säule für den langfristigen Erfolg jeder Marke im digitalen Zeitalter. In einer Welt, in der Verbraucher eine Fülle von Optionen haben und die Wettbewerbsintensität stetig zunimmt, kann eine engagierte Anhängerschaft den entscheidenden Unterschied ausmachen. Hier sind bewährte Praktiken, die Ihnen helfen, eine loyale Community um Ihre Marke zu scharen und zu pflegen.

1. Authentizität und Transparenz

Die Grundlage jeder starken Beziehung ist Vertrauen, und das gilt auch für die Beziehung zwischen Marke und Community. Seien Sie authentisch in Ihrer Kommunikation und transparent in Ihren Geschäftspraktiken. Dies schafft ein Fundament des Vertrauens und zeigt Ihrer Community, dass sie sich auf Sie verlassen können.

2. Wertorientierte Inhalte

Bieten Sie Inhalte, die über reine Werbebotschaften hinausgehen und Ihren Followern echten Mehrwert bieten. Dies kann in Form von informativen Blogbeiträgen, inspirierenden Geschichten oder nützlichen Tipps und Anleitungen sein. Indem Sie sich auf die Bedürfnisse und Interessen Ihrer Community konzentrieren, stärken Sie die Bindung zu Ihrer Marke.

3. Aktives Zuhören und Engagement

Interagieren Sie regelmäßig mit Ihrer Community, indem Sie auf Kommentare antworten, Feedback einholen und an Diskussionen teilnehmen. Aktives Zuhören zeigt, dass Sie die Meinungen Ihrer Community wertschätzen und bereit sind, auf deren Bedürfnisse einzugehen.

4. Förderung von User-Generated Content

Ermutigen Sie Ihre Follower dazu, eigenen Content zu erstellen und zu teilen, der mit Ihrer Marke in Verbindung steht. Dies kann durch Wettbewerbe, Hashtag-Kampagnen oder einfach durch die Anerkennung und das Teilen von Nutzerbeiträgen geschehen. User-Generated Content fördert das Engagement, erhöht die Sichtbarkeit Ihrer Marke und stärkt das Gefühl der Zugehörigkeit zur Community.

5. Exklusive Vorteile

Bieten Sie Ihrer Community exklusive Vorteile, wie zum Beispiel Zugang zu Vorverkäufen, spezielle Rabatte oder die Möglichkeit, neue Produkte vorab zu testen. Solche Privilegien vermitteln den Mitgliedern Ihrer Community das Gefühl, etwas Besonderes zu sein, und fördern die Loyalität.

6. Konsistenz

Seien Sie in Ihrer Kommunikation und in der Art, wie Sie Inhalte teilen, konsistent. Eine regelmäßige Präsenz und ein einheitlicher Tonfall helfen, eine vertraute und erkennbare Marke aufzubauen.

7. Aufbau einer Markencommunity

Überlegen Sie, spezielle Plattformen oder Foren einzurichten, auf denen sich Ihre Community austauschen kann. Ob auf Ihrer eigenen Website oder in sozialen Netzwerken, ein solcher Raum ermöglicht es Ihren Followern, sich untereinander zu vernetzen und stärkt das Gemeinschaftsgefühl.

Der Aufbau einer loyalen Community ist kein Prozess, der über Nacht geschieht. Er erfordert Engagement, Geduld und eine strategische Herangehensweise. Indem Sie diese Best Practices umsetzen, schaffen Sie jedoch eine starke Grundlage, um nicht nur eine Anhängerschaft zu gewinnen, sondern eine Community zu formen, die Ihre Marke unterstützt, fördert und mit ihr wächst.

In einer der Touristenstädte an der Küste, die bekannt wurde für ihre lebendige Kunstszene und die Gemeinschaft lokaler Handwerker, gründete Elena "Seaside Crafts", einen Online-Shop, der sich auf handgefertigte Dekorationsartikel spezialisierte. Obwohl sie eine treue Kundschaft in ihrer Stadt hatte, war es ihr Ziel, die Liebe und die Geschichten hinter den Kunstwerken mit einer größeren Online-Community zu teilen. Doch trotz ihrer Bemühungen blieb die ersehnte Verbindung mit einer weitergefassten digitalen Anhängerschaft aus.

Elena wusste, sie musste ihre Strategie ändern, um eine loyale Online-Community aufzubauen. Sie begann damit, authentische Geschichten über die Künstler zu teilen, die hinter den Kulissen wirkten. Jede Woche stellte sie einen neuen Handwerker vor, teilte Fotos von ihrem Arbeitsprozess und erzählte die Geschichte hinter ihren Kreationen. Diese Posts wurden nicht nur auf ihrer Website, sondern auch auf ihren Social Media-Kanälen geteilt, begleitet von Videos, die die Künstler persönlich vorstellten.

Um das Engagement zu fördern, startete Elena eine Kampagne namens "#MySeasideStory", in der Kunden dazu aufgerufen wurden, ihre eigenen Geschichten darüber zu teilen, wie die handgefertigten Stücke von "Seaside Crafts" ihr Zuhause verschönert hatten. Sie bot Anreize für User-Generated Content, indem sie jeden Monat das beste Kundenfoto oder -video mit einem kleinen Geschenk belohnte.

Elena achtete darauf, aktiv auf jeden Kommentar und jede Anfrage zu reagieren, egal ob auf ihrer Website, in E-Mails oder auf Social Media. Sie schuf eine Atmosphäre der Wertschätzung und des offenen Dialogs, was die Kunden ermutigte, sich mehr einzubringen und ihre Erfahrungen zu teilen.

Um die Bindung zur Marke weiter zu stärken, führte Elena einen monatlichen Newsletter ein, der exklusive Einblicke, Angebote und Vorschauen auf neue Kollektionen bot. Für die treuesten Anhänger von "Seaside Crafts" richtete sie eine private Facebook-Gruppe ein, in der Mitglieder frühen Zugang zu limitierten Artikeln erhielten und direkt mit den Künstlern in Kontakt treten konnten.

Innerhalb eines Jahres verwandelte sich "Seaside Crafts" von einem kleinen, lokalen Geschäft in eine blühende Online-Community.

Elenas Fokus auf authentisches Storytelling, die Förderung von User-Generated Content und die Schaffung eines echten Dialogs mit ihren Followern trugen dazu bei, eine loyale Anhängerschaft aufzubauen, die nicht nur ihre Produkte liebte, sondern auch die Geschichten und Menschen dahinter wertschätzte.

Die Geschichte von "Seaside Crafts" zeigt, dass der Aufbau einer loyalen Community weit über das Verkaufen von Produkten hinausgeht. Es geht darum, eine Plattform zu schaffen, auf der Menschen sich verbunden fühlen, ihre Leidenschaften teilen und Teil einer größeren Geschichte werden können. Elenas Erfolg unterstreicht die Kraft von Authentizität, Engagement und dem unermüdlichen Streben, jedem Kunden das Gefühl zu geben, Teil der "Seaside Crafts"-Familie zu sein.

4.2 Engagement-Strategien: Interaktion fördern und erhöhen

Im digitalen Marketing gleicht das Fördern von Interaktionen dem Dirigieren eines Orchesters, in dem jede Note, jedes Crescendo und jede Pause darauf abgestimmt ist, das Publikum zu fesseln. Doch in diesem Konzertsaal, den wir Social Media nennen, wo unzählige Stimmen um Aufmerksamkeit wetteifern, ist das bloße Spielen der Noten nicht genug. Die wahre Herausforderung liegt darin, das Publikum nicht nur zum Zuhören, sondern auch zum Mitsingen zu bewegen. Wie also verwandelt man passive Zuhörer in aktive Teilnehmer, die bereit sind, mit Ihrer Marke eine Symphonie zu kreieren?

Die Antwort liegt in durchdachten Engagement-Strategien, die darauf abzielen, die Interaktion zu fördern und zu erhöhen. Es geht darum, die richtigen Fragen zu stellen, die richtigen Anreize zu schaffen und Räume zu öffnen, in denen echte Gespräche gedeihen können. In diesem digitalen Zeitalter, wo Engagement der Schlüssel zum Aufbau dauerhafter Beziehungen ist, ist es entscheidend, Strategien zu entwickeln, die nicht nur die Aufmerksamkeit Ihres Publikums erregen, sondern auch dessen Herz und Geist gewinnen.

Engagement-Strategien sind das Herzstück jeder erfolgreichen Social Media Präsenz. Sie sind entscheidend, um aus passiven Beobachtern aktive Teilnehmer und Befürworter Ihrer Marke zu machen. Ein hohes Maß an Engagement fördert nicht nur die Sichtbarkeit Ihrer Inhalte durch die Algorithmen sozialer Netzwerke, sondern stärkt auch die Beziehung zwischen Ihrer Marke und Ihrer Zielgruppe. Hier sind einige bewährte Methoden, um Interaktion zu fördern und zu erhöhen:

1. Inhalte, die zum Handeln anregen

Erstellen Sie Inhalte, die explizit zur Interaktion auffordern, sei es durch Fragen, Umfragen, Abstimmungen oder Aufforderungen zum Teilen persönlicher Erfahrungen. Solche Inhalte laden zum Dialog ein und machen es Ihrer Community leicht, sich zu beteiligen.

2. Nutzen von Story-Features

Die Story-Funktionen auf Plattformen wie Instagram und Facebook bieten eine hervorragende Möglichkeit, um auf eine direkte und persönliche Weise mit Ihrer Zielgruppe zu interagieren. Durch das Teilen von Hinter-den-Kulissen-Inhalten, das Stellen von Fragen oder das Durchführen von Umfragen in Ihren Stories können Sie eine laufende Konversation mit Ihren Followern führen.

3. Reaktion auf Kommentare und Nachrichten

Eine schnelle und durchdachte Reaktion auf Kommentare und direkte Nachrichten zeigt Ihrer Community, dass Sie ihre Beiträge wertschätzen und an ihren Meinungen interessiert sind. Dies fördert nicht nur weiteres Engagement, sondern baut auch Vertrauen und Loyalität auf.

4. User-Generated Content (UGC) fördern

Ermutigen Sie Ihre Community, eigene Inhalte zu erstellen, die in Verbindung mit Ihrer Marke stehen. UGC ist authentisch, vertrauenswürdig und fördert ein starkes Gemeinschaftsgefühl. Zeigen Sie Anerkennung, indem Sie solche Inhalte teilen oder in Ihren eigenen Publikationen hervorheben.

5. Regelmäßige Challenges oder Wettbewerbe

Challenges und Wettbewerbe mit klar definierten Teilnahmebedingungen und attraktiven Preisen können das Engagement signifikant steigern. Sie motivieren die Community zur aktiven Teilnahme und tragen dazu bei, die Reichweite Ihrer Marke zu erhöhen.

6. Exklusive Gruppen oder Foren

Die Schaffung exklusiver Gruppen oder Foren, beispielsweise auf Facebook oder LinkedIn, bietet Ihrer Zielgruppe einen Raum für vertiefte Diskussionen und fördert ein stärkeres Zugehörigkeitsgefühl.

7. Einsatz von Live-Formaten

Live-Videos oder Q&A-Sessions ermöglichen es Ihnen, in Echtzeit mit Ihrer Community zu interagieren. Diese Formate sind besonders effektiv, um Authentizität zu vermitteln, Fragen zu beantworten und direktes Feedback zu erhalten.

8. Analyse und Anpassung

Nutzen Sie Analysetools, um zu verstehen, welche Arten von Inhalten das meiste Engagement generieren. Passen Sie Ihre Strategie basierend auf diesen Erkenntnissen an, um die Effektivität Ihrer Bemühungen kontinuierlich zu verbessern.

Die Implementierung dieser Engagement-Strategien erfordert Geduld und Konsistenz, aber die Belohnung – eine engagierte und loyale Community – ist den Aufwand wert. Indem Sie Interaktionen fördern, schaffen Sie nicht nur eine aktive Anhängerschaft, sondern legen auch den Grundstein für langfristigen Erfolg und Wachstum Ihrer Marke in der digitalen Welt.

Das ehrgeizige Unternehmen namens "GrünTech", hatte sich auf nachhaltige Technologien spezialisiert. "GrünTech" war auf einer Mission, die Welt zu einem besseren Ort zu machen, aber sie kämpften damit, ihre Botschaft über die Grenzen ihrer eigenen vier Wände hinaus zu verbreiten. Trotz eines starken Kernprodukts und einer leidenschaftlichen Gründerin, Lena K., fehlte es an Sichtbarkeit und Engagement in den sozialen Medien.

Eines Tages beschloss Lena, dass es an der Zeit war, ihre Strategie zu ändern und begann, sich intensiv mit Engagement-Strategien auseinanderzusetzen. Ihr Ziel war es, nicht nur ihre Reichweite zu erhöhen, sondern eine Gemeinschaft von Gleichgesinnten aufzubauen, die ihre Vision für eine nachhaltigere Zukunft teilten.

Der Beginn einer neuen Ära

Lena startete mit einer einfachen, aber wirkungsvollen Umfrage auf Instagram, um herauszufinden, welche Themen ihrer Community am Herzen lagen. Die Resonanz war überwältigend und zeigte ein klares Interesse an nachhaltigen Lebensstilen und grüner Technologie. Gestärkt durch diese Erkenntnisse, begann Lena, Inhalte zu erstellen, die direkt auf die Interessen ihrer Zielgruppe eingingen.

#GrünTechChallenge

Um das Engagement weiter zu fördern, rief Lena die #GrünTech-Challenge ins Leben, eine wöchentliche Herausforderung, die ihre

Follower dazu anregte, nachhaltige Aktionen in ihrem Alltag umzusetzen und diese auf Social Media zu teilen. Von der Reduzierung von Plastik bis hin zum Pflanzen von Bäumen – die Challenge bot eine Plattform für positive Veränderungen und stärkte gleichzeitig das Gemeinschaftsgefühl.

Live-Sessions und Q&As

Um die Verbindung zu ihrer Community zu vertiefen, begann Lena, regelmäßige Live-Sessions und Q&A-Runden zu veranstalten. Diese offenen Diskussionen ermöglichten es der "GrünTech"-Community, direkt mit Lena zu interagieren, Fragen zu stellen und Teil der größeren Konversation zu werden.

Der Aufbau einer loyalen Gemeinschaft

Mit der Zeit entwickelte sich die "GrünTech"-Community zu einer lebendigen und engagierten Gruppe, die nicht nur die Produkte von "GrünTech" unterstützte, sondern auch aktiv an der Verbreitung der Botschaft des Unternehmens teilnahm. Durch das Teilen ihrer eigenen Geschichten und Erfolge im Rahmen der #GrünTech-Challenge inspirierten sie andere, ähnliche Schritte zu unternehmen.

Das Erwachen

Lena erkannte, dass der Schlüssel zum Aufbau einer loyalen Community nicht in der Anzahl der Follower lag, sondern in der Qualität der Beziehungen, die sie zu ihnen aufbaute. Durch gezielte Engagement-Strategien hatte "GrünTech" nicht nur seine Sichtbarkeit erhöht, sondern eine Bewegung für nachhaltige Veränderungen geschaffen.

4.3   Umgang mit Feedback, Kritik und Krisen in Social Media

Wie ein Kapitän, der sein Schiff durch raue Gewässer navigiert, müssen Marken lernen, den Winden der öffentlichen Meinung zu begegnen, ohne von Kurs abzukommen. Die Herausforderung liegt nicht nur darin, das Ruder in ruhigen Gewässern sicher zu halten, sondern auch in der Fähigkeit, inmitten eines Sturms Ruhe und Besonnenheit zu bewahren.

In einer Welt, die durch die sofortige Verbreitung von Informationen geprägt ist, kann ein einziger negativer Kommentar oder eine unbedachte Reaktion eine Krise auslösen, die schwer zu bewältigen ist. Der Schlüssel liegt daher nicht im Vermeiden jeglicher Kritik — ein unmögliches Unterfangen —, sondern in der Entwicklung robuster Strategien zum Umgang mit Feedback und der effektiven Navigation durch potenzielle Krisen.

Der Umgang mit Feedback, Kritik und Krisen in Social Media ist eine entscheidende Kompetenz für Marken und Unternehmen in der heutigen vernetzten Welt. Die Fähigkeit, effektiv auf die Stimmen Ihrer Community zu reagieren, kann den Unterschied zwischen einer kurzlebigen Kontroverse und einer langfristigen Schädigung Ihres Markenimages ausmachen. Hier sind grundlegende Best Practices, um sicherzustellen, dass Ihre Marke gestärkt aus jeder Situation hervorgeht:

1. Schnelles und bedachtes Reagieren

Zeit ist essentiell, besonders im Kontext von Social Media. Eine schnelle Reaktion kann das Ausmaß einer Krise begrenzen. Allerdings ist es ebenso wichtig, dass die Antwort wohlüberlegt ist. Überstürzte oder emotional geladene Antworten können die Situation verschlimmern. Nehmen Sie sich einen Moment Zeit, um die beste Vorgehensweise zu bewerten, bevor Sie antworten.

2. Authentizität und Transparenz

Seien Sie ehrlich in Ihrer Kommunikation. Wenn ein Fehler gemacht wurde, erkennen Sie diesen an und entschuldigen Sie sich aufrichtig. Transparenz bei der Darstellung der Schritte, die unternommen werden, um das Problem zu beheben, kann helfen, Vertrauen wiederherzustellen und zeigt Ihrer Community, dass Sie sich um eine Lösung bemühen.

3. Aktives Zuhören

Achten Sie auf das Feedback Ihrer Community. Manchmal enthält Kritik wertvolle Einsichten, die zur Verbesserung Ihrer Produkte, Dienstleistungen oder Kommunikationsstrategien beitragen können. Zeigen Sie, dass Sie zuhören, indem Sie auf Kommentare und Nachrichten eingehen und, wenn möglich, konkrete Aktionen aus dem Feedback ableiten.

4. Krisenmanagement-Plan

Haben Sie einen Krisenmanagement-Plan parat, der klare Richtlinien darüber enthält, wie auf verschiedene Arten von Krisen reagiert werden soll. Dieser Plan sollte Zuständigkeiten innerhalb Ihres Teams definieren, Leitlinien für die Kommunikation festlegen und Schritte zur Überwachung der Situation umfassen.

5. Deeskalation

In manchen Fällen kann eine Diskussion in Social Media schnell hitzig werden. Lernen Sie Techniken der Deeskalation, um die Situation zu beruhigen. Dies kann bedeuten, das Gespräch in einen privateren Kanal wie Direktnachrichten zu verlagern oder die Unterstützung von Moderatoren anzufordern, um die Konversation zu lenken.

6. Professionelle Unterstützung

In komplexen oder besonders heiklen Situationen kann es ratsam sein, professionelle Hilfe in Anspruch zu nehmen. PR-Spezialisten oder Krisenkommunikationsexperten verfügen über die Erfahrung und das Fachwissen, um durch schwierige Zeiten zu navigieren.

7. Aus Fehlern lernen

Nachdem eine Krise bewältigt wurde, nehmen Sie sich die Zeit für eine Nachbesprechung. Analysieren Sie, was gut gelaufen ist, was verbessert werden könnte und wie ähnliche Situationen in Zukunft vermieden werden können. Dieser Lernprozess ist entscheidend für die kontinuierliche Verbesserung Ihrer Strategien.

Der Umgang mit Feedback, Kritik und Krisen in Social Media erfordert Fingerspitzengefühl, Geduld und ein proaktives Vorgehen. Indem Sie diese Best Practices anwenden, können Sie sicherstellen, dass Ihre Marke nicht nur resilient gegenüber Herausforderungen ist, sondern auch eine stärkere Beziehung zu Ihrer Community aufbaut.

Amalie M. betrieb das aufstrebende Modelabel "UrbanTrendz". Mit einer leidenschaftlichen Vision, Mode und Nachhaltigkeit zu vereinen, hatte Amalie eine treue Online-Gemeinschaft aufgebaut, die ihre Werte teilte. Doch eines Tages fand sich "UrbanTrendz" unerwartet im Auge eines Sturms wieder.

Ein neues Produkt, eine Kollektion recycelter Handtaschen, erhielt plötzlich negative Aufmerksamkeit aufgrund eines Missverständnisses über die Herkunft der Materialien. Ein bekannter Influencer hatte fälschlicherweise behauptet, dass die Taschen nicht aus 100% recycelten Materialien bestanden, was schnell zu einer

Flut von Kritik und enttäuschten Kommentaren auf Social Media führte.

Amalie stand vor einer Krise, die das Potenzial hatte, das Vertrauen und die Glaubwürdigkeit, die sie mühsam aufgebaut hatte, zu untergraben. Sie erkannte, dass schnelles Handeln erforderlich war, um die Situation zu deeskalieren und die Wahrheit klarzustellen.

Schritt 1: Schnelle und bedachte Reaktion

Amalie reagierte schnell, aber bedacht. Sie veröffentlichte eine sofortige, aber wohlüberlegte Antwort auf die ursprüngliche Kritik, in der sie um Geduld bat, während sie die Angelegenheit untersuchte.

Schritt 2: Authentische Kommunikation

Innerhalb von 24 Stunden veröffentlichte Amalie ein ausführliches Video, in dem sie die Herkunft der Materialien ihrer Taschenkollektion transparent darlegte. Sie zeigte Dokumente, die die 100% recycelte Natur der Materialien belegten, und lud die Community ein, Fragen zu stellen.

Schritt 3: Aktives Zuhören und Engagement

Amalie nutzte die Gelegenheit, um aktiv auf Kommentare und Nachrichten zu reagieren, sowohl öffentlich als auch privat. Sie bedankte sich bei ihrer Community für ihr Engagement und ihre Sorge um Nachhaltigkeit, was dazu beitrug, das Gespräch von Kritik zu konstruktivem Dialog zu lenken.

Schritt 4: Lernen und Anpassen

Nachdem die Krise abgeklungen war, führte Amalie eine interne Überprüfung durch, um zu verstehen, wie das Missverständnis entstehen konnte. Sie erkannte, dass die Kommunikation über die Produkteigenschaften klarer hätte sein können, und beschloss, in Zukunft detailliertere Informationen bereitzustellen.

Schritt 5: Aufbau von Resilienz

Durch diesen Vorfall lernte Amalie, wie wichtig ein proaktiver und transparenter Umgang mit Feedback und Kritik ist. Sie richtete ein spezielles Team ein, um die Online-Präsenz von "UrbanTrendz" zu überwachen und schneller auf potenzielle Krisen reagieren zu können.

Die Geschichte von "UrbanTrendz" ist ein lehrreiches Beispiel dafür, wie eine Marke durch den geschickten Umgang mit einer Social Media-Krise gestärkt hervorgehen kann. Amalie zeigte, dass durch schnelle, authentische Kommunikation, aktives Zuhören und die Bereitschaft, aus Fehlern zu lernen, nicht nur das Vertrauen wiederhergestellt, sondern auch die Bindung zur Community vertieft werden kann. "UrbanTrendz" blühte weiter auf, gestärkt durch die Gewissheit, dass Resilienz und Transparenz Schlüsselkomponenten des Erfolgs in der digitalen Welt sind.

Interview mit Dr. Martin Schneider, Psychologe mit Schwerpunkt auf digitale Kommunikation und soziale Medien

Interviewer: Guten Tag, Dr. Schneider. Vielen Dank, dass Sie sich die Zeit für dieses Gespräch nehmen. Wir sprechen heute über den Umgang mit Feedback, Kritik und Krisen in sozialen Medien aus psychologischer Sicht. Was sind die ersten Schritte, die eine Marke oder Person nehmen sollte, wenn sie mit negativem Feedback in sozialen Medien konfrontiert wird?

Dr. Schneider: Guten Tag! Es ist mir eine Freude, hier zu sein. Der erste Schritt sollte immer darin bestehen, einen Moment innezuhalten und durchzuatmen. In der Hitze des Moments ist es leicht, impulsiv zu reagieren, was die Situation oft verschlimmern kann. Es ist wichtig, sich daran zu erinnern, dass hinter jedem Kommentar eine Person mit eigenen Gefühlen und Perspektiven steht. Empathie und das Bemühen, die Situation aus der Sicht des anderen zu verstehen, sind entscheidend.

Interviewer: Wie wichtig ist es, auf jedes negative Feedback zu reagieren? Sollte man versuchen, alles zu adressieren?

Dr. Schneider: Nicht jedes negative Feedback erfordert eine öffentliche Antwort. Manchmal kann es ausreichen, einfach zur Kenntnis zu nehmen, dass jemand unzufrieden ist. Es gibt jedoch Situationen, insbesondere wenn es sich um Missverständnisse oder falsche Informationen handelt, in denen eine Antwort notwendig ist, um die Fakten klarzustellen. Der Schlüssel liegt in der Unterscheidung zwischen konstruktiver Kritik, die eine Chance zur Verbesserung bietet, und destruktivem Feedback, das möglicherweise keine produktive Antwort erfordert.

Interviewer: Wie sollte eine Marke oder Person mit destruktivem Feedback umgehen?

Dr. Schneider: Bei destruktivem Feedback ist es wichtig, professionell zu bleiben und die eigene Integrität zu wahren. Oft ist es am besten, eine neutrale, sachliche Antwort zu geben oder, in einigen Fällen, die Interaktion ganz zu vermeiden. Die Entscheidung, nicht zu reagieren, kann genauso mächtig sein wie eine gut formulierte Antwort. Es ist auch hilfreich, Unterstützungssysteme zu haben, sei es ein Team oder vertraute Personen, mit denen man solche Situationen besprechen kann.

Interviewer: Krisen in sozialen Medien können überwältigend sein. Wie können Individuen oder Marken ihre psychische Gesundheit schützen, während sie solche Herausforderungen navigieren?

Dr. Schneider: Selbstfürsorge ist in Krisenzeiten unerlässlich. Das kann bedeuten, bewusst Pausen von sozialen Medien zu nehmen, sich auf Aktivitäten außerhalb des digitalen Raums zu konzentrieren, die einen erden, oder professionelle Hilfe in Anspruch zu nehmen, wenn die Situation zu belastend wird. Erinnern Sie sich daran, dass es in Ordnung ist, um Hilfe zu bitten. Niemand sollte erwarten, allein durch eine Krise navigieren zu müssen.

Interviewer: Welche langfristigen Strategien empfehlen Sie, um eine resiliente Marke oder Online-Präsenz aufzubauen, die gegenüber Kritik und Krisen standhalten kann?

Dr. Schneider: Langfristig ist es wichtig, eine offene, authentische Kommunikation zu pflegen und eine Community zu fördern, die auf gegenseitigem Respekt und Verständnis basiert. Investieren Sie in den Aufbau starker Beziehungen zu Ihrer Community, bevor Krisen auftreten. Dies schafft ein solides Fundament, das Ihnen hilft, Unterstützung zu mobilisieren und Krisen effektiver zu bewältigen. Zudem ist es ratsam, regelmäßig Reflexionsphasen einzuplanen, um aus jeder Situation zu lernen und Strategien für die Zukunft anzupassen.

Interviewer: Vielen Dank, Dr. Schneider, für diese wertvollen Einblicke. Ihre Ratschläge bieten sicherlich eine solide Grundlage für alle, die lernen möchten, konstruktiv mit den Herausforderungen sozialer Medien umzugehen.

Dr. Schneider: Es war mir ein Vergnügen. Denken Sie daran, dass Kommunikation in sozialen Medien eine Chance bietet, zu lernen, zu wachsen und echte Verbindungen zu knüpfen. Mit der richtigen Einstellung und Strategie können Sie nicht nur Krisen überwinden, sondern auch eine stärkere und engagiertere Community aufbauen.

5. Werbung auf Social Media: Zielgerichtete Anzeigenkampagnen

5.1 Grundlagen von Social Media Advertising

Social Media Advertising: Der Schlüssel zum digitalen Marketing im Jahr 2024

Datum: 24. März 2024

In der heutigen digital vernetzten Welt spielt Social Media Advertising eine entscheidende Rolle im Marketingmix von Unternehmen jeder Größe. Mit der stetigen Zunahme der Internetnutzung weltweit hat sich die Landschaft des digitalen Marketings rapide weiterentwickelt, wobei Social Media Advertising nun im Mittelpunkt steht. Dieser Artikel beleuchtet die Grundlagen von Social Media Advertising und seine Bedeutung für den Erfolg von Unternehmen im Jahr 2024.

Ein universelles Marketingwerkzeug

Social Media Plattformen wie Facebook, Instagram, Twitter und LinkedIn bieten Unternehmen einzigartige Möglichkeiten, ihre Zielgruppen direkt zu erreichen. Im Gegensatz zu traditionellen Werbemethoden ermöglicht Social Media Advertising eine präzise Zielgruppenansprache, basierend auf einer Vielzahl von Kriterien wie Alter, Geschlecht, Standort, Interessen und Verhalten. Diese gezielte Ansprache führt zu höheren Konversionsraten und einer effektiveren Nutzung des Werbebudgets.

Die Kraft der Visualisierung

Visueller Content spielt eine zentrale Rolle im Social Media Advertising. Studien zeigen, dass Beiträge mit Bildern und Videos signifikant höhere Engagement-Raten aufweisen als reine Textbeiträge. Unternehmen nutzen zunehmend hochwertige, kreative und aufmerksamkeitsstarke visuelle Inhalte, um ihre Botschaften zu vermitteln und die Interaktion mit ihrer Zielgruppe zu fördern.

Anpassung und Flexibilität

Ein weiterer Vorteil von Social Media Advertising ist seine Anpassungsfähigkeit. Werbekampagnen können in Echtzeit optimiert werden, basierend auf Leistungsdaten und Feedback der Zielgruppe. Dies ermöglicht Unternehmen, ihre Strategien schnell anzupassen, um maximale Effektivität zu erreichen.

Messbarkeit des Erfolgs

Die digitale Natur von Social Media Advertising bietet detaillierte Analysen und Berichte, die es Unternehmen ermöglichen, den Erfolg ihrer Kampagnen genau zu messen. Kennzahlen wie Reichweite, Engagement, Click-Through-Raten und Konversionen liefern wertvolle Einblicke in die Wirksamkeit der Werbemaßnahmen und unterstützen bei der strategischen Planung zukünftiger Kampagnen.

Herausforderungen und Chancen

Trotz seiner vielen Vorteile steht Social Media Advertising auch vor Herausforderungen, insbesondere in Bezug auf Datenschutz und die sich ständig ändernden Algorithmen der Plattformen. Unternehmen müssen diese Herausforderungen navigieren, indem sie die Datenschutzbestimmungen beachten und ihre Strategien kontinuierlich an die Plattformänderungen anpassen.

Zum Abschluss lässt sich sagen, dass Social Media Advertising im Jahr 2024 ein unverzichtbares Instrument für Unternehmen darstellt, um in der digitalen Wirtschaft erfolgreich zu sein. Durch die Nutzung der umfangreichen Targeting-Optionen, der kreativen Gestaltungsmöglichkeiten und der detaillierten Analysetools bietet Social Media Advertising eine beispiellose Chance, Markenpräsenz zu steigern, Kundenbindung zu fördern und letztendlich den Unternehmenserfolg zu sichern.

Social Media Advertising hat sich als unverzichtbarer Bestandteil des digitalen Marketings etabliert. Mit Milliarden von Nutzern weltweit bieten soziale Netzwerke eine einzigartige Plattform für Unternehmen, ihre Zielgruppen direkt und effektiv zu erreichen. Die Grundlagen von Social Media Advertising umfassen das Verständnis der verschiedenen Werbeformate, das Targeting der richtigen Zielgruppe, die Erstellung ansprechender Inhalte und die Analyse der Kampagnenergebnisse.

Werbeformate

Jede Social Media Plattform bietet spezifische Werbeformate, die auf die Nutzungsgewohnheiten ihrer Nutzer zugeschnitten sind. Zu den gängigsten Formaten gehören:

- **Gesponserte Posts:** Diese erscheinen direkt im Newsfeed der Nutzer und ähneln den regulären Beiträgen, sind jedoch als „gesponsert" gekennzeichnet.
- **Story Ads:** Kurze, oft interaktive Werbungen, die in den Stories der Nutzer angezeigt werden und nach 24 Stunden automatisch verschwinden.
- **Videoanzeigen:** Werbevideos, die in den Feeds, Stories oder als eigenständige Beiträge auf den Plattformen platziert werden.
- **Carousel Ads:** Anzeigen, die es ermöglichen, mehrere Bilder oder Videos in einem einzigen Werbemittel zu zeigen, durch die Nutzer blättern können.

Zielgruppen-Targeting

Einer der größten Vorteile von Social Media Advertising ist die Fähigkeit, spezifische Zielgruppen mit hoher Präzision anzusprechen. Plattformen bieten detaillierte Targeting-Optionen basierend auf demografischen Daten, Interessen, Verhalten und mehr. Effektives Targeting gewährleistet, dass Ihre Werbebotschaften die Nutzer erreichen, die am wahrscheinlichsten an Ihren Produkten oder Dienstleistungen interessiert sind.

Inhalte, die Resonanz finden

Der Erfolg von Social Media Werbekampagnen hängt stark von der Qualität und Relevanz der Inhalte ab. Ansprechende, informative und unterhaltende Anzeigen, die einen klaren Call-to-Action enthalten, sind wesentlich, um die Aufmerksamkeit der Nutzer zu gewinnen und sie zur Interaktion zu bewegen.

Messung und Analyse

Die fortlaufende Analyse der Kampagnenergebnisse ist entscheidend, um den ROI (Return on Investment) von Social Media Advertising zu bewerten. Wichtige Kennzahlen umfassen Reichweite, Engagement, Click-Through-Rate (CTR), Konversionsrate und Kosten pro Akquisition (CPA). Durch die Analyse dieser Daten können Unternehmen ihre Strategien optimieren, die Performance verbessern und letztendlich ihre Marketingziele effektiver erreichen.

Best Practices

- **Testen und Lernen:** Nutzen Sie A/B-Tests, um verschiedene Elemente Ihrer Anzeigen (z.B. Bilder, Texte, CTA) zu testen und herauszufinden, was am besten funktioniert.
- **Budgetverwaltung:** Setzen Sie Budgets sinnvoll ein und passen Sie diese basierend auf der Performance Ihrer Kampagnen an.

- **Kreativität:** Experimentieren Sie mit verschiedenen Anzeigenformaten und kreativen Ansätzen, um herauszustechen und die Aufmerksamkeit Ihrer Zielgruppe zu erregen.
- **Kundenbindung:** Nutzen Sie Social Media Advertising nicht nur, um neue Kunden zu gewinnen, sondern auch, um mit bestehenden Kunden in Kontakt zu bleiben und die Kundenbindung zu stärken.

Social Media Advertising ist ein dynamisches und sich ständig weiterentwickelndes Feld. Unternehmen, die die Grundlagen verstehen und bereit sind, sich kontinuierlich anzupassen und zu lernen, können dieses mächtige Werkzeug nutzen, um ihre Marken zu stärken, ihre Zielgruppen zu erweitern und ihren Geschäftserfolg zu steigern.

Anna B. startete ihre Reise in die Welt des E-Commerce mit "Glow Essentials", einem Startup, das sich auf natürliche Hautpflegeprodukte spezialisiert hatte. Trotz der hochwertigen Produkte und einer klaren Vision, die Welt der Kosmetik nachhaltig zu verändern, kämpfte Anna mit der Herausforderung, ihre Marke in den überfüllten sozialen Medien sichtbar zu machen.

Nach einigen Monaten des Experimentierens und Lernens entschied sich Anna, eine gezielte Social Media Advertising-Kampagne zu starten, um "Glow Essentials" einen Schub zu geben. Sie tauchte tief in die Grundlagen des Social Media Marketings ein, erkundete verschiedene Werbeformate und nutzte datengesteuerte Insights, um ihre Zielgruppe präzise anzusprechen.

Anna begann mit der Erstellung einer Serie von gesponserten Posts, die die Geschichten hinter ihren Produkten erzählten - von der sorgfältigen Auswahl der Inhaltsstoffe bis hin zur handwerklichen Herstellung. Sie nutzte visuell ansprechende Bilder und kurze, aber fesselnde Videos, die die Essenz von "Glow Essentials" einfingen.

Um das Engagement weiter zu steigern, führte Anna eine interaktive Story-Kampagne durch, in der sie ihre Follower dazu einlud, ihre persönlichen Hautpflegeroutinen und -erfolge zu teilen. Mit gezielten Hashtags und einem Aufruf zur Aktion machte sie es einfach für die Community, teilzunehmen und ihre eigenen Erfahrungen zu teilen.

Doch was Anna wirklich half, ihre Marke abzuheben, war ihre Entscheidung, auf das Feedback und die Interaktionen ihrer Community zu reagieren. Sie verbrachte Stunden damit, Kommentare zu beantworten, Fragen zu Produkten zu klären und persönliche Empfehlungen zu geben. Diese authentische Interaktion baute nicht nur Vertrauen auf, sondern förderte auch ein starkes Gefühl der Zugehörigkeit unter ihren Followern.

Mit jedem Tag wuchs die Online-Präsenz von "Glow Essentials" exponentiell. Die Kampagne erzielte beeindruckende Ergebnisse, darunter eine deutliche Steigerung der Follower-Zahlen, eine erhöhte Engagement-Rate und, was am wichtigsten war, eine signifikante Zunahme der Verkäufe. Annas Fokus auf maßgeschneiderte Inhalte, gezieltes Targeting und echte Interaktionen hatte sich ausgezahlt.

Die Reise von Anna und "Glow Essentials" ist ein inspirierendes Beispiel dafür, wie die Grundlagen von Social Media Advertising - von der Wahl der richtigen Werbeformate über das präzise Targeting bis hin zur Förderung des Engagements - genutzt werden können, um eine Marke in der digitalen Welt zum Strahlen zu bringen. Es zeigt, dass mit Geduld, Kreativität und einer tiefen Verbindung zur Community auch kleine Marken große Wellen schlagen können.

5.2 Erstellung effektiver Werbekampagnen

Die Erstellung effektiver Werbekampagnen gleicht dem Schreiben eines Bestsellers. Jedes Wort, jedes Bild und jede Strategie muss sorgfältig gewählt und perfekt orchestriert werden, um die Herzen und Köpfe des Publikums zu erobern. Doch wie schreibt man ein solches Meisterwerk in einer Zeit, in der die Aufmerksamkeitsspanne schwindet und die Konkurrenz nur einen Klick entfernt ist?

Die Antwort liegt in der Kunst und Wissenschaft, effektive Werbekampagnen zu gestalten, die nicht nur Aufmerksamkeit erregen, sondern auch zum Handeln anregen. Es geht darum, die richtige Mischung aus Kreativität und datengetriebener Präzision zu finden, um Botschaften zu kreieren, die resonieren, überzeugen und letztlich konvertieren.

In diesem digitalen Zeitalter, in dem jeder mit Werbebotschaften überflutet wird, müssen Marken mehr tun, als nur zu sprechen; sie müssen singen, in perfekter Harmonie mit den Wünschen und Bedürfnissen ihres Publikums.

Die Erstellung effektiver Werbekampagnen in der digitalen Landschaft erfordert ein tiefes Verständnis sowohl für die Zielgruppe als auch für die einzigartigen Möglichkeiten, die digitale Plattformen bieten. Im Zentrum jeder erfolgreichen Kampagne steht eine klare Botschaft, die durch kreative Ausführung und strategische Planung verstärkt wird. Hier sind Schlüsselaspekte, die für die Konzeption und Umsetzung wirkungsvoller Werbekampagnen entscheidend sind.

1. Zieldefinition

Jede Kampagne beginnt mit der Definition klarer Ziele. Was möchten Sie erreichen? Mögliche Ziele können die Steigerung der Markenbekanntheit, die Generierung von Leads, die Erhöhung der Verkaufszahlen oder die Förderung der Kundenbindung sein. Ihre Ziele sollten spezifisch, messbar, erreichbar, relevant und zeitgebunden (SMART) sein, um den Erfolg Ihrer Kampagne effektiv messen zu können.

2. Verständnis der Zielgruppe

Ein tiefes Verständnis Ihrer Zielgruppe ist entscheidend, um effektive Werbekampagnen zu gestalten. Nutzen Sie Marktforschung und Datenanalysen, um demografische Merkmale, Interessen, Bedürfnisse und Verhaltensweisen Ihrer potenziellen Kunden zu verstehen. Personalisierung ist der Schlüssel zur Resonanz; je relevanter Ihre Botschaft für die individuellen Bedürfnisse und Wünsche Ihrer Zielgruppe ist, desto erfolgreicher wird Ihre Kampagne sein.

3. Auswahl der richtigen Kanäle

Nicht alle digitalen Plattformen sind für jede Botschaft oder Zielgruppe geeignet. Wählen Sie Kanäle, die am besten zu Ihren Zielen und Ihrer Zielgruppe passen, und berücksichtigen Sie dabei die Stärken und Einschränkungen jedes Kanals. Eine integrierte Strategie, die mehrere Plattformen umfasst, kann die Reichweite und Wirkung Ihrer Kampagne maximieren.

4. Kreative Gestaltung

Die kreative Ausführung Ihrer Kampagne ist entscheidend, um Aufmerksamkeit zu erregen und eine emotionale Verbindung mit Ihrer Zielgruppe aufzubauen. Nutzen Sie ansprechende Visuals, überzeugende Copy und kreative Formate, um Ihre Botschaft zu verstärken. Storytelling kann ein mächtiges Werkzeug sein, um komplexe Botschaften zu vermitteln und die Zuschauer zu engagieren.

5. Budgetierung und Planung

Eine sorgfältige Budgetierung und Planung sind entscheidend für die Effizienz Ihrer Kampagne. Legen Sie Ihr Budget basierend auf Ihren Zielen fest und verteilen Sie es strategisch über die ausgewählten Kanäle. Nutzen Sie Planungstools, um Ihre Inhalte zeitlich abzustimmen und sicherzustellen, dass Ihre Kampagne zur richtigen Zeit die größtmögliche Wirkung erzielt.

6. Messung und Optimierung

Der Erfolg einer Werbekampagne hängt von der kontinuierlichen Messung und Optimierung ab. Setzen Sie KPIs (Key Performance Indicators) fest, die Ihren Zielen entsprechen, und überwachen Sie diese regelmäßig. Nutzen Sie die gewonnenen Daten, um Ihre Strategie anzupassen und die Leistung Ihrer Kampagne kontinuierlich zu verbessern.

Effektive Werbekampagnen sind das Ergebnis sorgfältiger Planung, kreativer Ausführung und fortlaufender Optimierung. Indem Sie diese Schlüsselaspekte beachten, können Sie Kampagnen erstellen, die nicht nur Aufmerksamkeit erregen, sondern auch messbare Ergebnisse liefern und einen nachhaltigen Einfluss auf Ihr Geschäft haben.

Als das Start-up "EcoThreadz", spezialisiert auf nachhaltige Mode, seine Türen öffnete, stand Gründerin Mia Becker vor der gewaltigen Aufgabe, in einem übersättigten Markt Aufmerksamkeit zu erregen. Ihre Vision war es, die Modeindustrie zu revolutionieren, indem sie bewies, dass Stil und Nachhaltigkeit Hand in Hand gehen können. Doch trotz ihres Enthusiasmus und ihrer innovativen Produkte, kämpfte "EcoThreadz" darum, über ihre treue, aber kleine Anhängerschaft hinaus zu wachsen.

Die Herausforderung

Mia erkannte, dass eine herkömmliche Werbekampagne nicht ausreichen würde, um die Botschaft von "EcoThreadz" zu verbreiten. Sie brauchte etwas Einzigartiges, etwas, das sowohl die Werte ihrer Marke kommunizierte als auch die Zielgruppe auf einer tieferen, emotionalen Ebene ansprach.

Die Strategie

Inspiriert durch die Geschichten hinter ihren Produkten, entschied sich Mia für eine Kampagne, die sich auf die Herkunft und den positiven Umwelteinfluss der "EcoThreadz"-Kollektion konzentrierte. Die Kampagne, betitelt "Trage deine Geschichte", sollte nicht nur die Aufmerksamkeit auf die Marke lenken, sondern auch ein Bewusstsein für nachhaltige Praktiken in der Modeindustrie schaffen.

Umsetzung

"EcoThreadz" wählte Instagram und Facebook als Hauptkanäle für ihre Kampagne, basierend auf einer tiefgehenden Analyse ihrer Zielgruppe. Mia und ihr Team kreierten eine Serie von hochwertigen, visuell ansprechenden Posts und Videos, die die Geschichten hinter den Produkten erzählten - von der sorgsamen Auswahl der Materialien bis hin zur Zusammenarbeit mit lokalen Handwerkern.

Ein zentrales Element der Kampagne war die Einbindung der Community durch einen Aufruf, eigene "Trage deine Geschichte"-Momente zu teilen. Kunden wurden ermutigt, Fotos von sich in "EcoThreadz"-Kleidung zu posten, begleitet von persönlichen Anekdoten darüber, was Nachhaltigkeit für sie bedeutet.

Die Ergebnisse

Die Kampagne schlug Wellen weit über die bestehende "EcoThreadz"-Community hinaus. Die Kombination aus authentischem Storytelling und der Einbindung der Kunden schuf eine starke emotionale Verbindung und förderte das Engagement auf ein bisher unerreichtes Niveau. Die Hashtag-Kampagne generierte Tausende von Beiträgen, erweiterte die Reichweite von "EcoThreadz" signifikant und zog neue Kunden an, die sich mit den Werten der Marke identifizierten.

Durch sorgfältige Planung, Budgetierung und die Nutzung von Analysetools konnte Mia den Erfolg der Kampagne genau messen. Die "Trage deine Geschichte"-Kampagne führte nicht nur zu einem Anstieg der Followerzahlen und einer höheren Engagement-Rate, sondern auch zu einem spürbaren Umsatzwachstum.

5.3 Budgetierung und Optimierung von Anzeigen für maximale Reichweite und Konversion

Die Kunst der Budgetierung und Optimierung von Anzeigen ist entscheidend, um das Publikum nicht nur zu erreichen, sondern auch zu begeistern und zu konvertieren. Stellen Sie sich vor, Sie sind ein Kapitän, der sein Schiff durch die unermesslichen Gewässer des Internets steuert, mit dem Ziel, neue Horizonte zu entdecken. Doch ohne einen präzisen Kompass und eine sorgfältige Planung könnte Ihr Schiff leicht vom Kurs abkommen.

In diesem digitalen Ozean, wo die Wellen ständig wechseln, ist es essenziell, Ihr Werbebudget so zu allokieren und zu optimieren, dass jede Münze zählt, maximale Reichweite erzielt und die gewünschte Konversion sichergestellt wird. Es geht darum, die Segel so zu setzen, dass Sie den Wind der Daten und Algorithmen nutzen können, um Ihr Ziel effizient und effektiv zu erreichen.

Begleiten Sie uns auf eine Reise durch die klugen Strategien der Budgetierung und Optimierung, die es Marken ermöglichen, nicht nur in den unendlichen Weiten des digitalen Raums zu navigieren, sondern auch Schätze in Form von Engagement, Reichweite und letztlich Konversionen zu bergen. Entdecken Sie, wie Sie durch geschicktes Manövrieren und stetiges Justieren Ihrer Anzeigenkampagnen Ihr Marketingbudget maximieren und Ihre Ziele triumphierend erreichen können.

Die Budgetierung und Optimierung von Anzeigen spielen eine zentrale Rolle im digitalen Marketing, um maximale Reichweite und Konversionen zu erzielen. Dies erfordert eine sorgfältige Planung, Durchführung und ständige Anpassung, um sicherzustellen, dass jedes investierte Dollar den größtmöglichen Impact hat. Hier sind essenzielle Schritte und Strategien, um Ihre Werbekampagnen effizient zu gestalten und zu optimieren.

1. Festlegung des Budgets

Beginnen Sie mit einer klaren Definition Ihres Gesamtbudgets für digitales Marketing. Berücksichtigen Sie dabei Ihre Geschäftsziele, die durchschnittlichen Kosten pro Akquisition (CPA) und den erwarteten Return on Investment (ROI). Eine realistische Budgetierung ermöglicht es Ihnen, Ressourcen effektiv zuzuweisen und die finanzielle Machbarkeit Ihrer Kampagnen zu gewährleisten.

2. Zielgerichtete Segmentierung

Maximieren Sie Ihre Reichweite und Konversionen, indem Sie Ihre Zielgruppe präzise segmentieren. Nutzen Sie Datenanalysen, um demografische Merkmale, Interessen, Verhaltensweisen und vorherige Interaktionen mit Ihrer Marke zu verstehen. Eine zielgerichtete Segmentierung stellt sicher, dass Ihre Anzeigen die Nutzer erreichen, die am wahrscheinlichsten konvertieren.

3. Auswahl der richtigen Plattformen

Nicht jede Plattform eignet sich für jede Art von Anzeige oder Zielgruppe. Wählen Sie Kanäle basierend auf dem Nutzerverhalten Ihrer Zielgruppe und der Art der Produkte oder Dienstleistungen, die Sie anbieten. Diversifizieren Sie Ihre Strategie über mehrere Plattformen, um verschiedene Segmente Ihrer Zielgruppe anzusprechen.

4. A/B-Testing

A/B-Testing ist entscheidend, um die Wirksamkeit verschiedener Anzeigenelemente zu verstehen. Testen Sie verschiedene Überschriften, Bilder, Call-to-Actions (CTAs) und Landing-Pages, um herauszufinden, welche Kombinationen die höchste Engagement- und Konversionsrate erzielen. Nutzen Sie diese Erkenntnisse, um Ihre Anzeigen kontinuierlich zu verbessern.

5. Überwachung und Anpassung in Echtzeit

Digitales Marketing ist dynamisch; was heute funktioniert, ist morgen vielleicht nicht mehr so effektiv. Überwachen Sie die Leistung Ihrer Anzeigenkampagnen kontinuierlich und seien Sie bereit, Anpassungen vorzunehmen, um auf Marktveränderungen, Trends und das Verhalten Ihrer Zielgruppe zu reagieren. Nutzen Sie Automatisierungstools, um die Effizienz zu steigern und auf Daten basierende Entscheidungen in Echtzeit zu treffen.

6. Optimierung der Konversionspfade

Neben der Optimierung der Anzeigen selbst ist es wichtig, den gesamten Konversionspfad zu optimieren. Stellen Sie sicher, dass die Landing-Pages, zu denen Ihre Anzeigen führen, optimiert sind für mobile Geräte, schnelle Ladezeiten aufweisen und einen klaren

Handlungsaufruf bieten. Eine nahtlose Nutzererfahrung ist entscheidend, um Interessenten in Kunden zu verwandeln.

7. Analyse und Berichterstattung

Abschließend ist eine tiefe Analyse der Kampagnenergebnisse unerlässlich. Verwenden Sie Analytics-Tools, um detaillierte Berichte über Reichweite, Engagement, CPA und ROI zu erstellen. Diese Daten bieten wertvolle Einblicke, die Ihnen helfen, zukünftige Kampagnen zu verfeinern und eine höhere Rendite Ihres Werbebudgets zu erzielen.

Indem Sie diese Strategien für die Budgetierung und Optimierung Ihrer Anzeigenkampagnen anwenden, können Sie sicherstellen, dass Ihre digitalen Marketingbemühungen nicht nur effektiv, sondern auch effizient sind, was maximale Reichweite und Konversionen betrifft.

Interview mit Max Müller, Experte für Social Media Marketing

Interviewer: Guten Tag, Max, und herzlich willkommen. Vielen Dank, dass Sie heute hier sind, um über das Thema Budgetierung und Optimierung von Anzeigen für maximale Reichweite und Konversion zu sprechen.

Max Müller: Guten Tag! Es ist mir ein Vergnügen, hier zu sein und über ein Thema zu sprechen, das für den Erfolg im digitalen Marketing so entscheidend ist.

Interviewer: Beginnen wir mit den Grundlagen. Was ist Ihrer Meinung nach der wichtigste Schritt bei der Budgetierung von Social Media-Werbekampagnen?

Max Müller: Ein entscheidender Schritt ist das Verständnis Ihrer Ziele. Ohne klare Ziele kann man weder das Budget effektiv zuweisen noch den Erfolg der Kampagne messen. Ob Sie die Markenbekanntheit steigern, Leads generieren oder direkte Verkäufe fördern wollen, jedes Ziel erfordert eine andere Herangehensweise an die Budgetierung und die Auswahl der Plattformen.

Interviewer: Wie geht man am besten vor, um seine Zielgruppe zu definieren und zu erreichen?

Max Müller: Die Segmentierung Ihrer Zielgruppe ist entscheidend. Nutzen Sie die Daten, die Ihnen zur Verfügung stehen, um ein detailliertes Bild Ihrer idealen Kunden zu erstellen. Dies umfasst demografische Daten, Interessen und Online-Verhaltensweisen. Plattformen wie Facebook und Instagram bieten fortschrittliche Targeting-Optionen, die es ermöglichen, Ihre Anzeigen genau auf die Nutzer auszurichten, die am wahrscheinlichsten mit Ihrer Marke interagieren werden.

Interviewer: Und wie steht es um die Optimierung? Wie stellen Sie sicher, dass Ihre Anzeigen die gewünschte Wirkung erzielen?

Max Müller: Optimierung ist ein kontinuierlicher Prozess. A/B-Testing ist hier das Zauberwort. Indem Sie verschiedene Versionen Ihrer Anzeigen testen, können Sie herausfinden, welche Elemente – sei es das Bild, der Anzeigentext oder der Call-to-Action – die besten Ergebnisse liefern. Zudem sollten Sie die Leistung Ihrer Kampagnen regelmäßig überwachen und bereit sein, Anpassungen vorzunehmen, um die Effektivität kontinuierlich zu verbessern.

Interviewer: Wie wichtig ist die Rolle der Kreativität in diesem Prozess?

Max Müller: Äußerst wichtig. In einem Meer von Inhalten müssen Ihre Anzeigen herausstechen. Kreativität ist der Schlüssel, um die Aufmerksamkeit der Nutzer zu erregen und eine emotionale Verbindung zu schaffen. Aber vergessen Sie nicht, dass Kreativität Hand in Hand mit Datenanalyse gehen sollte, um sicherzustellen, dass Ihre kreativen Entscheidungen auch die gewünschten Ergebnisse erzielen.

Interviewer: Ein letzter Tipp für unsere Leser, die ihre Social Media-Werbekampagnen optimieren möchten?

Max Müller: Bleiben Sie flexibel und lernbereit. Die digitale Landschaft ändert sich ständig, und was heute funktioniert, ist morgen vielleicht veraltet. Seien Sie bereit, neue Strategien auszuprobieren und von jeder Kampagne zu lernen. Und vergessen Sie nie: Der Nutzer steht im Mittelpunkt Ihrer Bemühungen. Verstehen Sie seine Bedürfnisse und Wünsche, und Sie werden Ihre Kampagnen erfolgreich optimieren können.

Interviewer: Vielen Dank, Max, für diese wertvollen Einblicke. Ihr Wissen und Ihre Erfahrung sind eine große Bereicherung für alle, die im Bereich Social Media Marketing erfolgreich sein möchten.

Max Müller: Es war mir eine Freude. Viel Erfolg an alle, die ihre Social Media-Werbestrategien optimieren möchten!

6.　Analyse und Optimierung: Messen des Erfolgs

6.1　Tools und Techniken zur Überwachung und Analyse von Social Media Aktivitäten

Wo Ströme von Daten wie Wolken am Himmel ziehen, gleicht die Überwachung und Analyse digitaler Aktivitäten dem Steuern eines Flugzeugs durch turbulente Lüfte. Wie ein Pilot, der auf hochentwickelte Instrumente und Technologien angewiesen ist, um Kurs und Höhe zu halten, müssen Social Media Manager die richtigen Tools und Techniken nutzen, um ihre Online-Präsenz effektiv zu navigieren.

In diesem Ära, in der jede Veröffentlichung und jede Interaktion die Route ändern kann, ist die präzise Analyse von Social Media Aktivitäten entscheidend, um sicherzustellen, dass Ihre Marke auf Kurs bleibt. Die richtigen Instrumente an Bord zu haben, ermöglicht es Ihnen nicht nur, durch den Nebel der Big Data zu sehen, sondern auch, den Puls Ihres Publikums zu fühlen und die Auswirkungen Ihrer Inhalte zu messen.

Begleiten Sie uns auf einen Flug durch die unendlichen Weiten der Social Media Analytik, wo wir lernen, wie moderne Tools und Techniken uns helfen, die Dynamiken des Publikumsverhaltens zu verstehen und unsere digitalen Strategien dementsprechend anzupassen. Erfahren Sie, wie Sie Ihr Social Media Cockpit mit den besten Instrumenten für eine sichere und erfolgreiche Reise durch das digitale Universum ausstatten.

Die Überwachung und Analyse von Social Media Aktivitäten ist eine unverzichtbare Disziplin für Marketer und Unternehmen, die in der digitalen Landschaft erfolgreich sein wollen. Mit dem richtigen Set an Tools und Techniken können Sie wertvolle Einblicke in die Performance Ihrer Inhalte gewinnen, das Engagement Ihrer Zielgruppe verstehen und fundierte Entscheidungen treffen, die Ihre Social Media Strategie voranbringen. Hier ist ein Überblick über die essenziellen Instrumente und Methoden für eine effektive Social Media Analyse.

1. Überwachungswerkzeuge

Überwachungswerkzeuge erlauben es Ihnen, Erwähnungen Ihrer Marke, relevante Schlagwörter und Branchentrends über verschiedene Social Media Plattformen hinweg in Echtzeit zu verfolgen. Tools wie Hootsuite, Mention und Brandwatch bieten umfassende Dashboards, die es Ihnen ermöglichen, das Gespräch um Ihre Marke zu überwachen und auf relevante Diskussionen zeitnah zu reagieren.

2. Analyseplattformen

Analyseplattformen bieten tiefe Einblicke in die Performance Ihrer Social Media Kanäle. Sie messen eine Vielzahl von Kennzahlen, darunter Engagement-Raten, Reichweite, Wachstum der Follower und die Effektivität von Werbekampagnen. Plattformen wie Google Analytics, Sprout Social und Buffer Analyze ermöglichen es Ihnen, den Erfolg Ihrer Strategien zu messen und Bereiche für Verbesserungen zu identifizieren.

3. Sentiment-Analyse

Sentiment-Analyse-Tools verwenden fortschrittliche Algorithmen, um die Stimmung hinter Social Media Erwähnungen und Kommentaren zu bewerten. Tools wie Sentiment Viz und Brand24 helfen Ihnen zu verstehen, wie Ihre Marke wahrgenommen wird, und bieten Einblicke in die Kundenzufriedenheit und Markenwahrnehmung.

4. Wettbewerbsanalyse

Um in der digitalen Welt erfolgreich zu sein, ist es wichtig, nicht nur Ihre eigene Performance zu kennen, sondern auch zu verstehen, wie Sie im Vergleich zu Ihren Wettbewerbern stehen. Tools wie SEMrush und BuzzSumo ermöglichen es Ihnen, die Social Media Aktivitäten Ihrer Konkurrenten zu analysieren, erfolgreiche Strategien zu identifizieren und Bereiche zu finden, in denen Sie sich differenzieren können.

5. Influencer-Analyse

Die Identifizierung und Analyse von Influencern, die zu Ihrer Marke passen, kann eine effektive Strategie sein, um Ihre Reichweite zu erweitern. Tools wie Klear und Upfluence bieten Funktionen zur Identifizierung von Influencern, basierend auf Relevanz, Engagement und anderen Schlüsselmetriken.

Best Practices für eine effektive Analyse

- **Setzen Sie klare Ziele:** Definieren Sie, was Sie mit Ihrer Social Media Präsenz erreichen möchten, und passen Sie Ihre Analysestrategie entsprechend an.
- **Kombinieren Sie quantitative mit qualitativen Daten:** Neben harten Kennzahlen ist es wichtig, die Kontext und Nuancen hinter den Daten zu verstehen.
- **Nutzen Sie die Daten für Storytelling:** Verwenden Sie die gewonnenen Einblicke, um Geschichten zu erzählen, die Ihre Zielgruppe ansprechen und engagieren.
- **Seien Sie bereit, anzupassen:** Die digitale Landschaft ändert sich ständig. Seien Sie bereit, Ihre Strategie basierend auf den neuesten Daten und Trends anzupassen.

Durch die effektive Nutzung von Tools und Techniken zur Überwachung und Analyse von Social Media Aktivitäten können Unternehmen ihre digitalen Marketingstrategien verfeinern, das Engagement steigern und letztendlich ihren Erfolg in der digitalen Welt maximieren.

Lara Schmidt, die dynamische Gründerin von "GreenHome", einer Start-up-Marke, die sich auf nachhaltige Haushaltsprodukte spezialisiert hat, stand vor der Herausforderung, die digitale Präsenz ihres Unternehmens auszubauen. Trotz eines beeindruckenden Portfolios umweltfreundlicher Produkte und einer leidenschaftlichen Mission war "GreenHome" in den Weiten des digitalen Raums noch relativ unbekannt. Lara wusste, dass eine Veränderung notwendig war, um ihre Marke sichtbar zu machen und ihre Botschaft zu verbreiten.

Die Herausforderung

Trotz aktiver Bemühungen auf verschiedenen Social Media Plattformen blieb das Engagement hinter den Erwartungen zurück. Lara erkannte, dass es an der Zeit war, einen tieferen Einblick in die Social Media Aktivitäten von "GreenHome" zu gewinnen, um Strategien zu optimieren und die gewünschte Zielgruppe effektiver anzusprechen.

Die Lösung

Lara entschied sich für den Einsatz fortschrittlicher Tools und Techniken zur Überwachung und Analyse ihrer Social Media Kanäle. Sie wählte eine Kombination aus Überwachungswerkzeugen, um Erwähnungen der Marke zu verfolgen, und Analyseplattformen, die detaillierte Einblicke in das Nutzerverhalten und die Kampagnenleistung boten.

Die Umsetzung

Mit diesen Tools begann Lara, die Performance ihrer Posts zu analysieren, identifizierte diejenigen mit dem höchsten Engagement und verstand besser, welche Arten von Inhalten bei ihrer Zielgruppe Anklang fanden. Sie entdeckte, dass insbesondere Posts, die die Geschichten hinter den Produkten erzählten und die Nachhaltigkeitsmission von "GreenHome" hervorhoben, ein hohes Maß an Interaktion generierten.

Lara nutzte diese Erkenntnisse, um die Content-Strategie von "GreenHome" zu verfeinern. Sie fokussierte sich auf Storytelling und begann, regelmäßig Beiträge zu teilen, die nicht nur die Produkte, sondern auch die Auswirkungen ihres nachhaltigen Ansatzes auf die Umwelt und die Gemeinschaft in den Mittelpunkt stellten.

Die Ergebnisse

Die Ergebnisse ließen nicht lange auf sich warten. Innerhalb weniger Monate verzeichnete "GreenHome" ein signifikantes Wachstum an Followern und eine deutliche Steigerung des Engagements. Die Analyse der Social Media Aktivitäten ermöglichte es Lara, nicht nur die Sichtbarkeit ihrer Marke zu erhöhen, sondern auch eine engagierte Community um "GreenHome" aufzubauen, die sich leidenschaftlich für Nachhaltigkeit einsetzt.

Darüber hinaus halfen die gewonnenen Daten Lara, die Effektivität ihrer Werbekampagnen zu bewerten und das Budget gezielter einzusetzen, was zu einer höheren Konversionsrate und einem verbesserten ROI führte.

Fazit

Laras Geschichte zeigt eindrucksvoll, wie entscheidend die richtigen Tools und Techniken zur Überwachung und Analyse von Social Media Aktivitäten für den Erfolg einer Marke im digitalen Raum sind. Durch datengesteuerte Entscheidungen konnte "GreenHome" nicht nur seine digitale Präsenz stärken, sondern auch eine Gemeinschaft schaffen, die die Werte der Marke teilt und unterstützt.

6.2   Interpretation von Daten und Ableitung von Handlungsempfehlungen

Daten-Strategen am Werk: "EcoWear" nutzt Social Media Analytics für nachhaltiges Wachstum

24. März 2024 – **Im digitalen Zeitalter, in dem Marken und Konsumenten in einem ständigen Dialog stehen, hat "EcoWear", eine führende Marke für nachhaltige Mode, gezeigt, wie die Interpretation von Social Media Daten den Weg für innovative Marketingstrategien ebnen kann. Durch die gezielte Analyse digitaler Interaktionen hat "EcoWear" seine Markenpräsenz signifikant ausgebaut und die Beziehung zu seiner Zielgruppe gestärkt.**

Für "EcoWear" war die größte Herausforderung, die riesigen Mengen an Daten, die täglich auf Plattformen wie Instagram, Facebook und Twitter generiert werden, in strategische Erkenntnisse umzumünzen. Die Marke stand vor der Aufgabe, aus Likes, Kommentaren und Shares konkrete Handlungsempfehlungen abzuleiten, um ihre Botschaft der Nachhaltigkeit effektiver zu verbreiten.

Durch den Einsatz fortschrittlicher Analysetools begann "EcoWear", tiefgreifende Einblicke in das Verhalten und die Vorlieben seiner Zielgruppe zu gewinnen. Besonders auffällig war das hohe Engagement bei Beiträgen, die die Nachhaltigkeitsgeschichten hinter den Produkten hervorhoben. Diese Erkenntnis führte zu einer strategischen Neuausrichtung der Content-Planung, mit einem stärkeren Fokus auf Storytelling rund um die Themen Umweltschutz und soziale Verantwortung.

"EcoWear" nutzte auch die Kraft künstlicher Intelligenz und maschinellen Lernens, um Trends schneller zu erkennen und die Content-Strategie dynamisch anzupassen. Diese Technologien ermöglichten es der Marke, präzise Vorhersagen zu treffen und ihre Marketingbemühungen in Echtzeit zu optimieren, was zu einer verbesserten Kundenbindung und erhöhten Konversionsraten führte.

Trotz des hohen Technologieeinsatzes betont "EcoWear", dass der Erfolg ihrer Strategie maßgeblich von der Fähigkeit abhängt, Daten mit Empathie und tiefem Verständnis für die Bedürfnisse der Zielgruppe zu interpretieren. Die Kombination aus analytischer Präzision und menschlicher Intuition hat "EcoWear" ermöglicht, authentische Verbindungen zu schaffen und als Vorreiter in der nachhaltigen Modeindustrie zu agieren.

Die Erfolgsgeschichte von "EcoWear" unterstreicht die transformative Kraft von Social Media Analytics im digitalen Marketing. Indem die Marke lernte, aus der Flut an digitalen Informationen strategische Handlungsempfehlungen abzuleiten, konnte sie nicht nur ihre Sichtbarkeit erhöhen, sondern auch ein stärkeres Bewusstsein für die Bedeutung von Nachhaltigkeit in der Modebranche schaffen. "EcoWear" demonstriert eindrucksvoll, dass datengestützte Entscheidungen und ein tiefes Verständnis für die Kunden die Eckpfeiler für den Erfolg in der digitalen Landschaft sind.

Die effektive Nutzung von Social Media Analytics ist entscheidend für Marken, die in der digitalen Welt erfolgreich sein wollen. Durch die sorgfältige Interpretation von Daten und die Ableitung präziser Handlungsempfehlungen können Unternehmen ihre Social Media-Strategien optimieren, die Zielgruppenansprache verbessern und letztlich ihre Markenpräsenz ausbauen. Hier wird der Prozess anhand des Beispiels der Marke "EcoWear" erläutert, die sich durch nachhaltige Mode auszeichnet.

1. Sammlung von Daten

"EcoWear" nutzt diverse Analytics-Tools, um Daten über Interaktionen, Engagement und Reichweite ihrer Social Media-Beiträge zu sammeln. Dazu gehören Informationen wie Klickzahlen, Kommentare, Likes und Shares, die einen Einblick in das Verhalten und die Vorlieben der Zielgruppe geben.

2. Analyse und Interpretation

Mit den gesammelten Daten führt "EcoWear" eine tiefe Analyse durch, um Muster und Trends zu identifizieren. Besonderes Augenmerk liegt auf Beiträgen, die ein überdurchschnittlich hohes Engagement erzielen. Die Marke untersucht, welche Themen und Inhalte die stärkste Resonanz hervorrufen und wie diese mit der Markenidentität und den Unternehmenszielen übereinstimmen.

3. Ableitung von Handlungsempfehlungen

Auf Basis der Analyseergebnisse leitet "EcoWear" konkrete Handlungsempfehlungen ab. Erkennt die Marke beispielsweise, dass Posts über die nachhaltige Produktion ihrer Kleidung besonders beliebt sind, kann sie beschließen, diesen Aspekt in ihrer Kommunikationsstrategie stärker zu betonen. Weiterhin können Erkenntnisse über die Performance verschiedener Post-Formate (z.B. Bilder vs. Videos) dazu führen, das Content-Format anzupassen, um das Engagement weiter zu steigern.

4. Optimierung von Werbekampagnen

Die gewonnenen Einblicke fließen ebenfalls in die Planung und Optimierung von Werbekampagnen ein. "EcoWear" passt gegebenenfalls die Zielgruppen-Targeting-Parameter an, verfeinert die Botschaften und wählt die Formate aus, die die höchste Konversionsrate versprechen. Die Marke nutzt A/B-Tests, um verschiedene Ansätze zu evaluieren und die Kampagnenperformance kontinuierlich zu verbessern.

5. Überwachung und Anpassung

Die Arbeit endet nicht mit der Implementierung der abgeleiteten Strategien. "EcoWear" überwacht die Auswirkungen der Anpassungen in Echtzeit und ist bereit, die Strategie basierend auf neuen Daten und Feedback weiter zu verfeinern. Diese iterative Vorgehensweise ermöglicht es der Marke, flexibel auf Veränderungen im Nutzerverhalten und im Markt zu reagieren.

Fazit

Die Nutzung von Social Media Analytics bietet "EcoWear" einen wertvollen Einblick in die Effektivität ihrer Online-Präsenz und ermöglicht es der Marke, fundierte Entscheidungen zu treffen, die das Engagement und die Konversionen maximieren. Indem Daten systematisch gesammelt, analysiert und interpretiert werden, kann "EcoWear" ihre Social Media-Strategie optimieren und eine stärkere Verbindung zu ihrer Zielgruppe aufbauen.

6.3 Anpassung und Optimierung der Strategie basierend auf Performance

Fallstudie: "TechGadgets" - Agile Anpassung der Social Media Strategie steigert Performance

Hintergrund

"TechGadgets", ein innovatives Unternehmen, das sich auf die neuesten Technologietrends und Gadgets spezialisiert hat, stand vor einer großen Herausforderung. Trotz eines beeindruckenden Portfolios an hochmodernen Produkten und einer starken Markenidentität, zeigte die Performance ihrer Social Media-Kanäle ein Plateau. Die Notwendigkeit, ihre digitale Marketingstrategie zu überdenken, wurde immer deutlicher.

Ausgangslage

Die ursprüngliche Social Media-Strategie von "TechGadgets" konzentrierte sich hauptsächlich auf produktzentrierte Inhalte, mit regelmäßigen Posts über neue Releases und technische Spezifikationen. Obwohl diese Inhalte bei einer spezifischen Zielgruppe Anklang fanden, mangelte es an breiterem Engagement und Interaktionen, was zu einer Stagnation in der Reichweite und Kundenbindung führte.

Strategische Neuausrichtung

Das Marketingteam von "TechGadgets" erkannte die Notwendigkeit, ihre Strategie dynamisch anzupassen, um die Performance zu optimieren. Der erste Schritt war eine umfassende Analyse der bestehenden Social Media-Aktivitäten, um zu verstehen, welche Inhalte funktionierten und welche nicht.

Anpassung der Inhaltsstrategie

Die Datenanalyse zeigte, dass Beiträge, die hinter die Kulissen blickten und die Geschichten der Menschen hinter den Produkten erzählten, eine signifikant höhere Engagement-Rate aufwiesen. Daraufhin verschob "TechGadgets" den Fokus ihrer Inhalte von reinen Produktankündigungen zu einem Mix aus Storytelling, Einblicken in den Entwicklungsprozess und interaktiven Formaten, wie Q&A-Sessions mit Produktentwicklern.

Optimierung basierend auf Performance

Mit einem neuen Set an Performance-Indikatoren (KPIs), darunter Engagement-Raten, Follower-Wachstum und Konversionsraten, begann "TechGadgets", die Auswirkungen der strategischen Änderungen zu messen. Das Team setzte agile Methoden ein, um Kampagnen in Echtzeit anzupassen, basierend auf dem, was die Daten zeigten. Dies beinhaltete die Feinabstimmung der Veröffentlichungszeiten, das Testen verschiedener Content-Formate und das Anpassen des Targetings für bezahlte Anzeigen.

Ergebnisse

Innerhalb von sechs Monaten nach der Implementierung der neuen Strategie verzeichnete "TechGadgets":

- Eine Steigerung der durchschnittlichen Engagement-Rate um 40%.
- Ein Follower-Wachstum von 25% über alle Plattformen hinweg.
- Eine Verdopplung der Konversionsrate von Social Media-Traffic zu tatsächlichen Verkäufen.

Darüber hinaus berichtete das Kundenfeedback-Team von einem spürbaren Anstieg positiver Rückmeldungen, die die neue Herangehensweise und die authentischere Markenkommunikation lobten.

Fazit

Die Fallstudie von "TechGadgets" zeigt deutlich, wie entscheidend die kontinuierliche Überwachung, Anpassung und Optimierung der Social Media-Strategie für den digitalen Erfolg ist. Durch die agile Anpassung ihrer Inhalte und den Einsatz datengesteuerter Entscheidungen konnte "TechGadgets" nicht nur ihre Social Media-Performance steigern, sondern auch eine tiefere und bedeutungsvollere Verbindung zu ihrer Zielgruppe aufbauen.

Prinzipien

Die fortwährende Anpassung und Optimierung der Social Media-Strategie basierend auf Performance-Daten ist ein kritischer Aspekt für den Erfolg von Unternehmen im digitalen Zeitalter. Die Landschaft der sozialen Medien ist dynamisch und verändert sich ständig, ebenso wie die Präferenzen und das Verhalten der Nutzer. Unternehmen, die ihre Strategien regelmäßig überprüfen und anpassen, können ihre Reichweite erhöhen, die Zielgruppenbindung stärken und letztendlich ihre Konversionsraten verbessern. Im Folgenden werden Schlüsselelemente dieses Prozesses erläutert.

1. Datengesteuerte Entscheidungen

Die Grundlage für jegliche Anpassung der Strategie sollten stets datengesteuerte Erkenntnisse sein. Die Analyse von Performance-Daten ermöglicht es, zu verstehen, welche Inhalte Resonanz finden, zu welchen Zeiten die Nutzer am aktivsten sind und über welche Kanäle die Konversionen erfolgen. Tools wie Google Analytics, Facebook Insights und andere Plattform-spezifische Analysetools bieten wertvolle Daten, die für die Strategieanpassung genutzt werden können.

2. Identifikation von Erfolgsmustern

Durch die regelmäßige Überprüfung der Kampagnenleistung können Muster identifiziert werden, die aufzeigen, welche Arten von Inhalten oder Kampagnen am besten abschneiden. Dies kann von visuellen Inhalten über Storytelling bis hin zu speziellen Angeboten und Rabatten reichen. Die Identifikation dieser Muster ist entscheidend, um erfolgreiche Elemente in zukünftige Planungen zu integrieren.

3. A/B-Testing

Ein weiterer wichtiger Aspekt der Strategieoptimierung ist das A/B-Testing. Indem unterschiedliche Versionen von Anzeigen, Posts oder Kampagnen getestet werden, können Unternehmen herausfinden, welche Variante die höchste Engagement- oder Konversionsrate aufweist. Dieser Prozess der kontinuierlichen Optimierung hilft dabei, die Effektivität der Social Media-Aktivitäten zu maximieren.

4. Flexibilität und Anpassungsfähigkeit

Die digitale Marketingwelt erfordert eine hohe Flexibilität und die Bereitschaft, Strategien schnell anzupassen. Veränderungen in den Algorithmen der Plattformen, das Aufkommen neuer Trends oder Veränderungen im Verbraucherverhalten können Anpassungen notwendig machen. Unternehmen, die schnell und effektiv auf diese Veränderungen reagieren, haben einen klaren Wettbewerbsvorteil.

5. Einbindung der Zielgruppe

Die Optimierung der Social Media-Strategie sollte auch die Einbindung der Zielgruppe berücksichtigen. Feedback und Interaktionen der Nutzer bieten direkte Einblicke in deren Bedürfnisse und Präferenzen. Unternehmen, die dieses Feedback in ihre Strategieanpassungen einfließen lassen, können eine stärkere Bindung zu ihrer Zielgruppe aufbauen und deren Loyalität steigern.

Fazit

Die Anpassung und Optimierung der Social Media-Strategie ist ein kontinuierlicher Prozess, der eine sorgfältige Analyse, Flexibilität und ein tiefes Verständnis für die Zielgruppe erfordert. Unternehmen, die diese Prinzipien beherzigen, können nicht nur ihre digitale Präsenz verbessern, sondern auch nachhaltigen Erfolg in der dynamischen Welt der sozialen Medien sichern.

7. Trends und Zukunftsaussichten im Social Media Marketing

7.1 Aktuelle Trends und Entwicklungen

Am Horizont zeichnen sich neue Trends ab, die die Art und Weise, wie Marken kommunizieren, verändern werden. Wie Surfer, die auf der Suche nach der perfekten Welle sind, müssen Marketer die sich bildenden Trends erkennen und meistern, um ihre Botschaften erfolgreich an das Ufer der Zielgruppen zu tragen. Von der zunehmenden Bedeutung von Augmented Reality bis hin zum Aufstieg der Mikro-Influencer – die aktuellen Entwicklungen im Social Media Marketing deuten auf eine Zukunft hin, in der Authentizität, Personalisierung und immersive Erlebnisse das Ruder übernehmen.

Das Social Media Marketing befindet sich in einem ständigen Wandel, getrieben durch technologische Fortschritte, veränderte Nutzergewohnheiten und die Entstehung neuer Plattformen. Um in diesem dynamischen Umfeld erfolgreich zu sein, müssen Marken die aktuellen Trends und Entwicklungen nicht nur verstehen, sondern auch in ihre Strategien integrieren. Hier sind einige der bedeutendsten Trends, die das Social Media Marketing heute und in naher Zukunft prägen.

1. Aufstieg der Stories

Seit ihrer Einführung haben Stories eine beispiellose Beliebtheit auf Plattformen wie Instagram, Facebook und Snapchat erreicht. Diese vergänglichen Inhalte bieten eine unmittelbare und authentische Form der Kommunikation, die Nutzer schätzen. Marken, die Stories kreativ nutzen, können ihre Sichtbarkeit erhöhen, direkter mit ihrer Zielgruppe interagieren und eine stärkere emotionale Verbindung aufbauen.

2. Wachsende Bedeutung von Videoinhalten

Videos bleiben eines der einflussreichsten Formate im Social Media Marketing. Insbesondere kurze und ansprechende Videos, die speziell für soziale Medien produziert werden, erzielen hohe Engagement-Raten. Live-Streaming bietet zudem die Möglichkeit, Echtzeit-Interaktionen zu fördern und Events oder Produktvorstellungen einem breiten Publikum zugänglich zu machen.

3. Personalisierung und Segmentierung

Mit der zunehmenden Menge an verfügbaren Daten und fortschrittlichen Analysetools wird die Personalisierung von Inhalten immer wichtiger. Marken, die ihre Botschaften gezielt auf die Interessen und Bedürfnisse ihrer Zielgruppe zuschneiden, können deutlich bessere Ergebnisse erzielen. Segmentierte und personalisierte Werbekampagnen führen zu höheren Konversionsraten und stärken die Kundenbindung.

4. Einsatz von Künstlicher Intelligenz (KI)

KI-Technologien revolutionieren das Social Media Marketing. Sie ermöglichen nicht nur eine effizientere Analyse von Nutzerdaten und eine personalisierte Ansprache, sondern auch die Automatisierung von Routineaufgaben wie dem Kundenservice. Chatbots, die auf KI basieren, können beispielsweise rund um die Uhr Anfragen beantworten und das Nutzererlebnis verbessern.

5. Bedeutung von Mikro-Influencern

Während prominente Influencer weiterhin eine Rolle spielen, rücken Mikro-Influencer mit einer kleineren, aber hochengagierten Follower-Basis zunehmend in den Fokus. Partnerschaften mit diesen Influencern können authentischer wirken und eine gezieltere Ansprache spezifischer Zielgruppen ermöglichen.

6. Augmented Reality (AR) und virtuelle Erlebnisse

Augmented Reality bietet neue Möglichkeiten für Marken, interaktive und immersive Erlebnisse zu schaffen. Von virtuellen Anproben bis hin zu interaktiven Produktvorstellungen – AR kann das Engagement steigern und die Online-Shopping-Erfahrung bereichern.

Fazit

Die Landschaft des Social Media Marketings entwickelt sich rasant weiter, und Marken müssen agil bleiben, um die neuesten Trends und Technologien zu ihrem Vorteil zu nutzen. Indem sie Authentizität bewahren, ihre Strategien personalisieren und innovative Formate und Technologien einsetzen, können Unternehmen eine starke Präsenz in den sozialen Medien aufbauen und ihre Zielgruppen effektiver erreichen.

7.2   Ausblick: Die Zukunft von Social Media und dessen Einfluss auf das Marketing

Die Zukunft von Social Media zeichnet sich durch rasanten technologischen Fortschritt und sich wandelnde Nutzergewohnheiten aus, die das Marketing tiefgreifend beeinflussen werden. Diese Entwicklungen bieten spannende Chancen, stellen Marken jedoch auch vor neue Herausforderungen. Um in diesem sich ständig verändernden Umfeld erfolgreich zu sein, müssen Unternehmen nicht nur die aktuellen Trends verstehen, sondern auch antizipieren, wohin sich die sozialen Medien entwickeln. Hier sind einige Schlüsselaspekte, die die Zukunft von Social Media und dessen Einfluss auf das Marketing prägen werden.

1. Nahtlose Integration von Social Commerce

Social Media Plattformen entwickeln sich zunehmend zu vollwertigen Einkaufsplattformen. Die Integration von E-Commerce-Funktionen, wie zum Beispiel Instagram Shopping, ermöglicht es Nutzern, Produkte direkt über soziale Medien zu entdecken und zu kaufen. Diese Verschmelzung von sozialen Medien und Online-Handel wird weiter zunehmen und das Verbraucherverhalten nachhaltig verändern.

2. Dominanz von Videoinhalten und interaktiven Formaten

Videoinhalte, insbesondere in Form von Kurzvideos und Live-Streams, werden weiterhin dominieren und sich als bevorzugtes Kommunikationsmittel in den sozialen Medien etablieren. Interaktive Formate, die die Zuschauer zur Teilnahme einladen, werden das Engagement und die Markenbindung weiter verstärken.

3. Erweiterte Realität und virtuelle Erfahrungen

Technologien der erweiterten Realität (AR) und virtuellen Realität (VR) werden immer zugänglicher und bieten neue Möglichkeiten für das Marketing. Von virtuellen Anproben bis hin zu immersiven Markenerlebnissen – AR und VR können die Art und Weise, wie Marken mit ihrem Publikum interagieren, revolutionieren und einzigartige, personalisierte Erlebnisse schaffen.

4. Wachsende Bedeutung von Datenschutz und Transparenz

Mit zunehmendem Bewusstsein für Datenschutzfragen werden Transparenz und ethische Datenpraktiken immer wichtiger für das Vertrauen der Nutzer. Marken müssen sicherstellen, dass ihre Aktivitäten in sozialen Medien die Privatsphäre respektieren und klare Richtlinien zum Umgang mit Nutzerdaten befolgen.

5. KI-gesteuerte Personalisierung

Künstliche Intelligenz wird eine Schlüsselrolle bei der Personalisierung von Inhalten und der Optimierung von Marketingkampagnen spielen. KI kann dabei helfen, präzise Nutzerprofile zu erstellen und Inhalte sowie Empfehlungen in Echtzeit anzupassen, um die Relevanz und Wirksamkeit der Kommunikation zu erhöhen.

6. Anstieg der Bedeutung von Sprachsuche und sprachgesteuerten Assistenten

Die Nutzung von Sprachsuche und sprachgesteuerten Assistenten wird weiter zunehmen, was neue Möglichkeiten für das Marketing eröffnet. Marken müssen ihre Inhalte für die Sprachsuche optimieren und überlegen, wie sie über sprachgesteuerte Plattformen mit ihrem Publikum interagieren können.

Fazit

Die Zukunft von Social Media Marketing wird von Technologie, Personalisierung und einem verstärkten Fokus auf Datenschutz und Nutzererfahrung geprägt sein. Marken, die diese Entwicklungen verstehen und in ihre Strategien integrieren, können sich differenzieren und tiefe, bedeutungsvolle Verbindungen zu ihrem Publikum aufbauen. Um in dieser Zukunft erfolgreich zu sein, ist es entscheidend, agil zu bleiben, sich kontinuierlich weiterzubilden und die sich bietenden Chancen proaktiv zu nutzen.

7.3   Anpassung an neue Technologien und Plattformen

Die Anpassung an neue Technologien und Plattformen ist ein zentraler Faktor für den Erfolg im Bereich des Social Media Marketings. Die digitale Landschaft entwickelt sich ständig weiter, und Unternehmen müssen agil bleiben, um mit den neuesten Trends

Schritt zu halten und ihre Zielgruppen effektiv zu erreichen. Hier sind Schlüsselstrategien und Überlegungen für Marken, um sich erfolgreich an neue Technologien und Plattformen anzupassen.

1. Ständige Marktbeobachtung

Um frühzeitig aufkommende Trends und Technologien zu identifizieren, ist es essenziell, den Markt kontinuierlich zu beobachten. Dies umfasst das Monitoring von Entwicklungen in der Social Media-Landschaft, das Verfolgen von Branchennachrichten und das Beobachten des Verhaltens der Zielgruppe. Die frühzeitige Erkennung von Veränderungen ermöglicht es Unternehmen, proaktiv zu handeln, anstatt reaktiv.

2. Experimentierfreudigkeit

Neue Technologien und Plattformen bieten Chancen, aber auch Herausforderungen. Unternehmen sollten bereit sein, zu experimentieren und verschiedene Ansätze zu testen, um herauszufinden, was für ihre Marke und Zielgruppe am besten funktioniert. Experimentierfreudigkeit fördert Innovation und kann Unternehmen einen Vorsprung vor der Konkurrenz verschaffen.

3. Fortbildung und Kompetenzaufbau

Die rasante Entwicklung neuer Technologien erfordert kontinuierliches Lernen und die Weiterentwicklung von Kompetenzen innerhalb des Unternehmens. Schulungen und Workshops können helfen, das Team auf dem neuesten Stand zu halten und sicherzustellen, dass es die Fähigkeiten besitzt, neue Tools effektiv einzusetzen.

4. Partnerschaften und Kollaborationen

In einigen Fällen kann die Zusammenarbeit mit Technologieanbietern, Plattformen oder spezialisierten Agenturen sinnvoll sein, um Zugang zu Expertenwissen und Ressourcen zu erhalten. Partnerschaften können auch neue Möglichkeiten für kreative Kampagnen und den Zugang zu spezifischen Zielgruppen eröffnen.

5. Kundenfeedback einbeziehen

Die Einbindung von Kundenfeedback ist entscheidend, um die Resonanz auf neue Technologien und Plattformen zu verstehen. Direktes Feedback von Nutzern kann wertvolle Einblicke in deren Bedürfnisse und Präferenzen liefern und dazu beitragen, die Strategie entsprechend anzupassen.

6. Flexibilität und Anpassungsfähigkeit

Die Fähigkeit, schnell auf Veränderungen zu reagieren und Strategien anzupassen, ist entscheidend in einer Welt, in der neue Technologien schnell aufkommen und sich etablieren können. Flexibilität und Anpassungsfähigkeit ermöglichen es Unternehmen, von neuen Möglichkeiten zu profitieren und potenzielle Risiken zu minimieren.

Fazit

Die Anpassung an neue Technologien und Plattformen erfordert eine Kombination aus proaktiver Beobachtung, Experimentierfreudigkeit, kontinuierlichem Lernen, strategischen Partnerschaften und der Einbindung von Kundenfeedback. Unternehmen, die diese Prinzipien verfolgen, können ihre Präsenz in den sozialen Medien stärken, innovative Kampagnen durchführen und eine tiefe Verbindung mit ihrer Zielgruppe aufbauen. In der dynamischen Welt des Social Media Marketings ist die Bereitschaft zur Anpassung und Innovation der Schlüssel zum langfristigen Erfolg.

8. Fallstudien: Erfolgreiche Social Media Marketing-Kampagnen

8.1 Analyse von erfolgreichen Beispielen

Die Analyse erfolgreicher Social Media Marketing-Kampagnen bietet wertvolle Einblicke in die Strategien und Taktiken, die zu messbarem Erfolg führen. Durch das Verstehen, was diese Kampagnen auszeichnet, können Unternehmen lernen, ihre eigenen Strategien zu verfeinern und effektiver mit ihrer Zielgruppe zu kommunizieren. Im Folgenden werden beispielhafte Kampagnen analysiert, die durch ihre Kreativität, strategische Planung und innovative Nutzung von Social Media Plattformen herausgestochen sind.

1. Spotify: "Wrapped" Kampagne

Spotify's jährliche "Wrapped" Kampagne ist ein hervorragendes Beispiel dafür, wie personalisierte Inhalte das Engagement und die Markenbindung fördern können. Indem Nutzern ein personalisierter Rückblick auf ihre meistgehörten Songs und Künstler des Jahres bereitgestellt wird, schafft Spotify nicht nur einen Mehrwert für die Nutzer, sondern fördert auch die Teilen-Funktion auf Social Media. Die Kampagne generiert jedes Jahr Millionen von Shares und Kommentaren, was die Markenpräsenz von Spotify erheblich erhöht.

Schlüsselerkenntnisse:

- *Personalisierung steigert das Engagement und die Markentreue.*
- *Nutzer generierte Inhalte können die Reichweite organisch erweitern.*

Spotify "Wrapped" Kampagne: Eine tiefgreifende Analyse

Die "Wrapped" Kampagne von Spotify hat sich zu einem jährlichen Ereignis entwickelt, das Nutzer weltweit mit Spannung erwarten. Diese innovative Marketinginitiative kombiniert datengestützte Personalisierung mit einem viralen Sharing-Potenzial, um Nutzerbindung und Markenpräsenz gleichermaßen zu fördern. Im Kern der Kampagne steht ein personalisierter Rückblick, der den Nutzern Einblicke in ihre individuellen Hörpräferenzen über das vergangene Jahr bietet.

Konzept und Umsetzung

Jedes Jahr im Dezember rollt Spotify die "Wrapped" Kampagne aus, die den Nutzern ihre persönlichen Hörstatistiken präsentiert - von den meistgehörten Songs und Künstlern bis hin zu den bevorzugten Genres und Podcasts. Diese Daten werden in einer visuell ansprechenden und leicht teilbaren Form aufbereitet, die auf den individuellen Nutzungsdaten basiert.

Innovative Features

Neben der Präsentation von Statistiken umfasst die "Wrapped" Kampagne auch eine Reihe von interaktiven Elementen, wie z.B. Quizze, die Nutzer dazu einladen, ihre eigenen Hörpräferenzen zu erraten, bevor die tatsächlichen Daten enthüllt werden. Spotify ergänzt diese persönlichen Rückblicke mit globalen Trends, die einen Überblick über die weltweit meistgestreamten Künstler, Songs und Podcasts bieten.

Viralität und Nutzerengagement

Ein Schlüsselelement der "Wrapped" Kampagne ist ihre Viralität. Nutzer werden ermutigt, ihre persönlichen Rückblicke auf Social Media zu teilen, was zu einer weitreichenden organischen Reichweite führt. Diese Teilen-Funktion, unterstützt durch die Verwendung spezifischer Hashtags, verwandelt jeden Nutzer in einen Markenbotschafter und verstärkt die Präsenz von Spotify auf Plattformen wie Instagram, Twitter und Facebook.

Erfolgsfaktoren

- **Personalisierung:** Die "Wrapped" Kampagne nutzt die Macht der Personalisierung, indem sie den Nutzern individuell zugeschnittene Inhalte bietet, die auf ihren eigenen Aktivitäten und Vorlieben basieren.
- **Visuelles Design:** Die auffällige und farbenfrohe Gestaltung der "Wrapped" Statistiken macht sie nicht nur informativ, sondern auch optisch ansprechend und teilenswert.
- **Interaktivität:** Durch die Einbindung von interaktiven Elementen wird das Nutzererlebnis bereichert und die Engagement-Rate gesteigert.
- **Soziale Teilbarkeit:** Die einfache Teilbarkeit der "Wrapped" Rückblicke fördert die Viralität der Kampagne und trägt zur Markenbekanntheit bei.

Fazit

Die "Wrapped" Kampagne von Spotify ist ein Paradebeispiel für datengestütztes Marketing, das Personalisierung und Nutzerengagement in den Mittelpunkt stellt. Durch die innovative Nutzung von Nutzerdaten gelingt es Spotify, ein einmaliges Markenerlebnis zu schaffen, das sowohl informativ als auch unterhaltsam ist. Die jährliche Wiederholung der Kampagne hat "Wrapped" zu einem festen Bestandteil der Markenkultur gemacht und unterstreicht die Bedeutung von datenbasierten Insights und kreativer Umsetzung im digitalen Marketing.

2. Nike: "Just Do It" Kampagne mit Colin Kaepernick

Nike setzte mit seiner "Just Do It" Kampagne, die den Football-Spieler Colin Kaepernick featured, ein starkes Statement zu sozialen Fragen. Trotz anfänglicher Kontroversen und Boykottaufrufe steigerte die Kampagne die Sichtbarkeit der Marke und führte zu einem signifikanten Umsatzwachstum. Nike bewies Mut und bezog klar Stellung, was besonders bei der jüngeren Zielgruppe Anklang fand.

Schlüsselerkenntnisse:

- *Starke, werteorientierte Botschaften können die Markenidentität stärken.*
- *Kontroverse Themen bergen Risiken, aber auch Potenzial für bedeutende Resonanz.*

Nike "Just Do It" Kampagne mit Colin Kaepernick: Ein Meilenstein im Markenaktivismus

Die "Just Do It" Kampagne von Nike, die den NFL-Quarterback Colin Kaepernick ins Zentrum stellte, markierte einen Wendepunkt in der Geschichte des Unternehmens und etablierte Nike als eine Marke, die bereit ist, für ihre Werte einzustehen. Im Jahr 2018, zum 30. Jahrestag des berühmten "Just Do It"-Slogans, entschied sich Nike, Kaepernick - eine polarisierende Figur im amerikanischen Sport und darüber hinaus - als Gesicht der Kampagne zu wählen.

Hintergrund

Colin Kaepernick wurde landesweit bekannt, als er 2016 begann, während der Nationalhymne vor NFL-Spielen zu knien, um gegen Polizeigewalt und Ungerechtigkeiten gegenüber Afroamerikanern zu protestieren. Diese Aktionen lösten eine hitzige Debatte aus, die das Land spaltete. Nike's Entscheidung, Kaepernick in ihre Kampagne aufzunehmen, war somit nicht nur ein Marketingzug, sondern auch ein klares politisches Statement.

Kampagnenbotschaft und Umsetzung

Unter dem Slogan "Believe in something. Even if it means sacrificing everything." präsentierte die Kampagne Kaepernick in Schwarz-Weiß-Aufnahmen, die seine Entschlossenheit und seinen Mut unterstrichen. Die Botschaft zielte darauf ab, die Werte von Durchhaltevermögen, Opferbereitschaft und dem Glauben an höhere Ideale zu vermitteln – Werte, die sowohl Nike als auch Kaepernick verkörpern.

Reaktionen und Ergebnisse

Die Kampagne löste sofort eine Welle von Reaktionen aus. Während viele die Entscheidung von Nike lobten, ihre Plattform zu nutzen, um auf soziale Ungerechtigkeiten aufmerksam zu machen, rief sie auch Gegner auf den Plan, die zu Boykotts gegen das Unternehmen aufriefen. Trotz der Kontroverse stieg der Verkauf von Nike-Produkten in den Wochen nach dem Start der Kampagne signifikant an, und die Marke verzeichnete einen bemerkenswerten Anstieg ihres Börsenwerts.

Erfolgsfaktoren

- **Mut zur Stellungnahme:** Die Kampagne bewies Nikes Bereitschaft, inmitten einer polarisierten gesellschaftlichen Debatte Stellung zu beziehen und damit Risiken einzugehen.
- **Emotionale Resonanz:** Durch die Konzentration auf die Geschichte von Kaepernick und die damit verbundenen höheren Ideale schuf Nike eine tiefgreifende emotionale Verbindung mit seinem Publikum.
- **Markenkohärenz:** Die Botschaft der Kampagne spiegelte die langjährigen Werte von Nike wider, insbesondere den Glauben an das Potenzial jedes Einzelnen, Hindernisse zu überwinden und Großes zu leisten.

Fazit

Nikes "Just Do It" Kampagne mit Colin Kaepernick ist ein exemplarisches Beispiel für effektiven Markenaktivismus. Sie illustriert, wie eine Marke durch das Eintreten für ihre Überzeugungen nicht nur gesellschaftliche Diskurse beeinflussen, sondern auch ihre eigene Markenidentität stärken kann. Trotz oder gerade wegen der Kontroversen hat die Kampagne Nikes Position als eine führende und werteorientierte Marke im Sport- und Lifestyle-Segment gefestigt.

3. GoPro: Nutzer generierte Inhalte

GoPro hat sich durch die konsequente Nutzung von nutzergenerierten Inhalten (User-Generated Content, UGC) als führende Marke in der Welt der Action-Kameras etabliert. Indem Kunden ermutigt werden, ihre Abenteuer mit GoPro-Kameras festzuhalten und auf Social Media zu teilen, nutzt GoPro authentische Inhalte, um die Vielseitigkeit und Qualität seiner Produkte zu demonstrieren. Diese Strategie hat nicht nur zu einer starken Community geführt, sondern auch die Glaubwürdigkeit der Marke erhöht.

Schlüsselerkenntnisse:

- *Authentizität durch UGC kann die Produktglaubwürdigkeit steigern.*
- *Eine starke Community fördert die Markenbindung und das organische Wachstum.*

GoPro: Meisterung der Kunst nutzergenerierter Inhalte

GoPro, bekannt für seine robusten und vielseitigen Action-Kameras, hat sich durch eine bemerkenswerte Strategie im Social Media Marketing hervorgetan, die sich auf nutzergenerierte Inhalte (UGC) konzentriert. Diese Herangehensweise hat GoPro ermöglicht, eine leidenschaftliche und engagierte Community aufzubauen und gleichzeitig die Vielseitigkeit und Qualität seiner Produkte zu demonstrieren. Die Marke hat es geschickt verstanden, ihre Kunden nicht nur als Konsumenten, sondern als Mitgestalter der Marke zu behandeln.

Strategische Einbindung von UGC

Die Strategie von GoPro setzt darauf, Kunden zu ermutigen, ihre mit GoPro-Kameras aufgenommenen Abenteuer und Erlebnisse auf Social Media zu teilen. Durch Hashtag-Kampagnen, Wettbewerbe und die Einbindung dieser Inhalte auf den eigenen Kanälen schafft GoPro eine Plattform, die nicht nur die technischen Möglichkeiten der Kameras hervorhebt, sondern auch authentische und inspirierende Geschichten aus der ganzen Welt präsentiert.

GoPro Awards und Community-Engagement

Ein Schlüsselelement der UGC-Strategie sind die "GoPro Awards", ein Programm, das Nutzer für ihre besten Fotos, Videos und Edits belohnt. Durch die Vergabe von Geldpreisen und die Möglichkeit, in GoPro-Werbekampagnen und auf offiziellen Social Media-Kanälen vorgestellt zu werden, motiviert GoPro seine Nutzer, kreativ zu werden und ihre Erlebnisse mit der Welt zu teilen. Dies fördert nicht nur das Engagement, sondern stärkt auch das Gefühl der Zugehörigkeit zur GoPro-Community.

Vorteile der UGC-Strategie

- **Authentizität:** Die von Nutzern erstellten Inhalte wirken authentischer und glaubwürdiger als traditionelle Werbebotschaften. Potenzielle Kunden sehen reale Menschen in realen Situationen, was das Vertrauen in die Marke und ihre Produkte stärkt.
- **Vielfältige Inhalte:** Durch die Vielzahl an Nutzern entsteht ein breites Spektrum an Inhalten, das die unterschied-

lichsten Anwendungsmöglichkeiten der GoPro-Produkte aufzeigt – von Extremsportarten bis hin zu alltäglichen Momenten.

- **Kosteneffizienz:** UGC bietet GoPro einen kontinuierlichen Strom an hochwertigen Inhalten für seine Marketingkanäle, ohne die hohen Kosten traditioneller Content-Produktion.
- **Verstärkte Markenbindung:** Indem GoPro Nutzer aktiv in die Markenkommunikation einbindet, fühlen sich diese wertgeschätzt und enger mit der Marke verbunden.

Fazit

Die Fokussierung auf nutzergenerierte Inhalte hat GoPro nicht nur zu einer der bekanntesten Marken im Bereich der Action-Kameras gemacht, sondern auch eine globale Community von Markenadvokaten geschaffen. Die Strategie unterstreicht die Kraft von Authentizität und Gemeinschaft im digitalen Marketing und dient als inspirierendes Beispiel dafür, wie Marken Nutzer einbinden und zu Botschaftern machen können. Durch die Anerkennung und Wertschätzung der Beiträge ihrer Nutzer hat GoPro eine tiefe und dauerhafte Verbindung zu seiner Zielgruppe aufgebaut.

8.2 Was wir von den Besten lernen können: Erfolgsfaktoren und Stolpersteine

Die Analyse erfolgreicher Social Media Marketing-Kampagnen offenbart wertvolle Lektionen über Erfolgsfaktoren und potenzielle Stolpersteine. Indem wir verstehen, was die besten Kampagnen auszeichnet und wo Herausforderungen lauern, können Unternehmen ihre eigenen Strategien verfeinern und optimieren. Hier sind einige zentrale Erkenntnisse, die aus den Erfahrungen führender Marken gezogen werden können.

Erfolgsfaktoren:

1. Authentizität und Transparenz: Die authentische Darstellung der Marke und ihrer Werte resoniert stark mit dem Publikum. Konsumenten bevorzugen Marken, die ehrlich und transparent kommunizieren und deren Handlungen mit ihren Botschaften übereinstimmen.

2. Nutzerzentrierung: Erfolgreiche Kampagnen setzen den Nutzer in den Mittelpunkt aller Überlegungen. Dies bedeutet, Inhalte basierend auf den Interessen, Bedürfnissen und Vorlieben der Zielgruppe zu erstellen und einen Mehrwert zu bieten, der über reine Werbebotschaften hinausgeht.

3. Innovative Nutzung von Technologien und Plattformen: Die kreative und innovative Nutzung neuer Technologien und Social Media-Plattformen kann Kampagnen einen entscheidenden Vorteil verschaffen. Dies umfasst den Einsatz von Augmented Reality, personalisierten Inhalten und interaktiven Formaten, die das Nutzerengagement steigern.

4. Integration von Storytelling: Geschichten haben die Kraft, emotionale Verbindungen aufzubauen und das Publikum auf einer tieferen Ebene anzusprechen. Marken, die ihre Botschaften durch kohärentes und ansprechendes Storytelling vermitteln, erzielen oft bessere Ergebnisse.

5. Agilität und Anpassungsfähigkeit: Die Fähigkeit, schnell auf Veränderungen in der digitalen Landschaft oder im Nutzerverhalten zu reagieren und Strategien entsprechend anzupassen, ist entscheidend für den Erfolg. Agilität ermöglicht es Marken, Chancen zu nutzen und Herausforderungen effektiv zu begegnen.

Stolpersteine:

1. Ignorieren von Daten und Feedback: Eine der größten Fallen im Social Media Marketing ist es, Entscheidungen ohne Berücksichtigung von Daten oder Nutzerfeedback zu treffen. Die Vernachlässigung dieser wichtigen Ressourcen kann zu ineffektiven Kampagnen und verpassten Chancen führen.

2. Mangel an Konsistenz: Eine inkonsistente Markenpräsenz über verschiedene Plattformen hinweg kann zu Verwirrung beim Publikum führen und die Markenidentität schwächen. Konsistenz in der Kommunikation und im visuellen Auftritt ist entscheidend, um Vertrauen aufzubauen und die Markenbotschaft zu verstärken.

3. Überschätzung von Reichweite ohne Engagement: Eine hohe Reichweite allein garantiert keinen Erfolg. Kampagnen, die zwar viele Nutzer erreichen, aber kein Engagement erzielen, verfehlen oft ihre Ziele. Wichtig ist eine ausgewogene Strategie, die sowohl Reichweite als auch Interaktion fördert.

4. Vernachlässigung des Community-Managements: Das aktive Management der Community, einschließlich zeitnaher Antworten auf Kommentare und Nachrichten, ist ein kritischer Aspekt des Social Media Marketings. Vernachlässigung in diesem Bereich kann zu einem Verlust von Glaubwürdigkeit und Kundenbindung führen.

Fazit

Erfolgreiche Social Media Marketing-Kampagnen basieren auf einer Kombination aus Authentizität, Nutzerzentrierung, Kreativität und strategischer Flexibilität. Gleichzeitig gilt es, häufige Stolpersteine wie die Ignoranz gegenüber Daten, inkonsistente Botschaften und mangelndes Community-Management zu vermeiden. Durch das Lernen von den Besten und das Bewusstsein für potenzielle Fallstricke können Unternehmen ihre Social Media-Strategien optimieren und ihren digitalen Fußabdruck effektiv erweitern.

9. Praktische Tipps und Tricks für Social Media Marketer

9.1 Tools und Ressourcen für effizientes Social Media Management

Für Social Media Marketer ist es entscheidend, sich mit den richtigen Tools und Ressourcen auszustatten, um ihre Arbeit nicht nur effizienter zu gestalten, sondern auch die Wirksamkeit ihrer Kampagnen zu maximieren. Die digitale Marketinglandschaft bietet eine Vielzahl an Instrumenten, die von der Content-Planung über die Performance-Analyse bis hin zum Community-Management reichen. Hier sind praktische Tipps und eine Auswahl an bewährten Tools, die Social Media Marketer für ein effizientes Social Media Management nutzen können.

1. Content-Planung und -Verwaltung

Eine konsistente und zielgerichtete Content-Strategie ist das Rückgrat erfolgreicher Social Media Kampagnen. Tools wie **Buffer** oder **Hootsuite** ermöglichen es, Beiträge über verschiedene Plattformen hinweg zu planen, zu organisieren und zu veröffentlichen. Diese Tools bieten Kalenderfunktionen, mit denen Marketer ihre Content-Strategie visualisieren und anpassen können, um sicherzustellen, dass ihre Botschaften zur richtigen Zeit das richtige Publikum erreichen.

2. Engagement und Interaktion

Die Interaktion mit der Community ist essenziell, um eine engagierte Anhängerschaft aufzubauen. Tools wie **Sprout Social** bieten umfassende Funktionen für das Community-Management, einschließlich Monitoring von Kommentaren und Nachrichten über verschiedene Kanäle hinweg. Diese Tools vereinfachen die Kommunikation mit Followern und ermöglichen es Marken, zeitnah auf Anfragen oder Feedback zu reagieren.

3. Analyse und Reporting

Um den Erfolg von Social Media Aktivitäten zu messen und datenbasierte Entscheidungen zu treffen, sind Analysetools unverzichtbar. **Google Analytics** bietet tiefe Einblicke in den Website-Traffic und die Nutzerinteraktion, während Plattform-spezifische Tools wie **Facebook Insights** oder **Instagram Analytics** wichtige Metriken zur Performance auf den jeweiligen Kanälen liefern. Diese Tools helfen, den ROI von Social Media Kampagnen zu bewerten und Strategien entsprechend anzupassen.

4. Grafikdesign und visuelle Inhalte

Visuelle Inhalte spielen eine Schlüsselrolle in der Social Media Kommunikation. Tools wie **Canva** oder **Adobe Spark** bieten eine breite Palette an Vorlagen und Design-Optionen, um ansprechende Grafiken, Infografiken und Videos zu erstellen. Diese benutzerfreundlichen Plattformen ermöglichen auch Marketing-Teams ohne professionelle Designkenntnisse die Erstellung hochwertiger visueller Inhalte.

5. Automatisierung und Workflow-Optimierung

Die Automatisierung wiederkehrender Aufgaben kann Social Media Marketer erheblich entlasten. **Zapier**, ein Tool zur Automatisierung von Workflows, ermöglicht die Verknüpfung verschiedener Anwendungen und Dienste, um Aufgaben wie das Posten von Inhalten oder das Sammeln von Daten zu automatisieren. Dies spart wertvolle Zeit und Ressourcen, die dann für strategischere Aufgaben eingesetzt werden können.

Fazit

Die richtige Auswahl an Tools und Ressourcen ist für Social Media Marketer unerlässlich, um effektive Kampagnen zu gestalten und zu verwalten. Durch die Nutzung dieser Instrumente können Marketer ihre Prozesse optimieren, besser mit ihrer Zielgruppe interagieren und letztendlich den Erfolg ihrer Social Media Bemühungen steigern. Wichtig ist, regelmäßig neue Tools zu erkunden und bestehende Prozesse zu evaluieren, um sicherzustellen, dass die eingesetzten Ressourcen nach wie vor den Anforderungen des dynamischen Social Media Umfelds gerecht werden.

9.2   Häufige Fehler und wie man sie vermeidet

Im Social Media Marketing können selbst kleine Fehler weitreichende Konsequenzen haben. Durch das Verständnis und die Vermeidung häufiger Fallstricke können Marketer ihre Strategien effektiver gestalten und ihre Marken vor potenziellem Schaden bewahren. Hier sind einige der gängigsten Fehler im Social Media Marketing und Tipps, wie man sie vermeiden kann:

1. Mangel an einer kohärenten Strategie

Ohne eine klare, kohärente Strategie riskieren Marken, inkonsistente Botschaften zu senden, die ihr Publikum verwirren können.

Vermeidungstipp: Entwickeln Sie eine umfassende Social Media-Strategie, die Ziele, Zielgruppen, Content-Pläne und Leistungskennzahlen definiert. Stellen Sie sicher, dass alle Aktivitäten auf diesen strategischen Rahmen abgestimmt sind.

2. Vernachlässigung des Community-Managements

Die Vernachlässigung von Kommentaren, Fragen und Feedback kann zu Unzufriedenheit führen und das Vertrauen in die Marke untergraben.

Vermeidungstipp: Investieren Sie Zeit in das Community-Management, indem Sie aktiv auf Ihr Publikum eingehen. Nutzen Sie Automatisierungstools, um den Prozess zu erleichtern, ohne die persönliche Note zu verlieren.

3. Übermäßige Selbstpromotion

Eine zu starke Fokussierung auf die Bewerbung von Produkten oder Dienstleistungen kann das Publikum abschrecken.

Vermeidungstipp: Halten Sie eine ausgewogene Mischung aus informativen, unterhaltenden und werblichen Inhalten ein. Bieten Sie Mehrwert durch hilfreiche Tipps, Brancheneinblicke oder unterhaltsame Inhalte.

4. Ignorieren von Daten und Analytik

Die Nichtnutzung von Daten zur Messung der Performance und zur Anpassung der Strategie kann dazu führen, dass Chancen ungenutzt bleiben.

Vermeidungstipp: Nutzen Sie Analysetools, um die Leistung Ihrer Kampagnen zu überwachen und Einblicke in das Verhalten und die Vorlieben Ihrer Zielgruppe zu gewinnen. Passen Sie Ihre Strategie basierend auf diesen Daten kontinuierlich an.

5. Unangemessener Umgang mit negativem Feedback

Eine defensive oder ignorierende Reaktion auf Kritik kann das Markenimage schädigen.

Vermeidungstipp: Gehen Sie professionell und konstruktiv mit negativem Feedback um. Betrachten Sie Kritik als Chance zur Verbesserung und kommunizieren Sie klar, wie Sie darauf reagieren möchten.

6. Unter- oder Übernutzung von Hashtags

Die falsche Verwendung von Hashtags kann dazu führen, dass Inhalte nicht das gewünschte Publikum erreichen oder als Spam wahrgenommen werden.

Vermeidungstipp: Recherchieren Sie relevante und gebräuchliche Hashtags für Ihre Branche und Zielgruppe. Vermeiden Sie die Überladung von Beiträgen mit zu vielen Hashtags und setzen Sie sie gezielt ein.

Fazit

Indem man sich der häufigsten Fehler im Social Media Marketing bewusst ist und aktiv Maßnahmen zu deren Vermeidung ergreift, können Marketer ihre Online-Präsenz stärken und eine positive Beziehung zu ihrer Zielgruppe aufbauen. Eine durchdachte Strategie, aktives Community-Management, ausgewogener Content, datengesteuerte Entscheidungen, professioneller Umgang mit Feedback und der kluge Einsatz von Hashtags sind dabei entscheidende Faktoren für den Erfolg.

9.3 Tipps für die kontinuierliche Weiterbildung und Anpassungsfähigkeit im Bereich Social Media

Kontinuierliche Weiterbildung und Anpassungsfähigkeit unerlässlich für den langfristigen Erfolg. Die Landschaft der sozialen Medien ändert sich ständig, neue Plattformen entstehen, Algorithmen werden aktualisiert und Nutzerverhalten wandelt sich. Für Marketingfachleute ist es daher entscheidend, auf dem neuesten Stand zu bleiben und ihre Strategien entsprechend anzupassen. Hier sind einige Tipps, wie Sie in diesem dynamischen Umfeld stets aktuell und flexibel bleiben können.

1. Fachliteratur und Branchennachrichten verfolgen

Bleiben Sie durch das regelmäßige Lesen von Fachliteratur, Branchenblogs und Nachrichtenwebsites auf dem Laufenden. Abonnieren Sie Newsletter von führenden Marketing- und Social Media-Plattformen, um Updates zu neuen Funktionen, Best Practices und Fallstudien direkt in Ihr Postfach zu bekommen. Plattformen wie Social Media Examiner, HubSpot und Hootsuite bieten umfangreiche Ressourcen und Einblicke in aktuelle Trends.

2. Online-Kurse und Webinare nutzen

Investieren Sie in Ihre berufliche Entwicklung durch Online-Kurse und Webinare. Viele Universitäten, Bildungsplattformen und Branchenexperten bieten Kurse an, die sich mit spezifischen Aspekten des Social Media Marketings befassen, von Content-Strategie über Analytics bis hin zu Werbekampagnen. Plattformen wie Coursera, Udemy und LinkedIn Learning sind wertvolle Ressourcen für aktuelles Wissen.

3. Networking und Erfahrungsaustausch

Vernetzen Sie sich mit anderen Social Media-Profis, um Erfahrungen auszutauschen und von den Besten zu lernen. Teilnahme an Branchenkonferenzen, Meetups und Online-Foren kann nicht nur Ihr Fachwissen erweitern, sondern auch neue Perspektiven und Lösungsansätze für Herausforderungen bieten. Plattformen wie LinkedIn ermöglichen es, sich mit Gleichgesinnten aus der ganzen Welt zu vernetzen.

4. Experimentieren und Testen

Seien Sie mutig und experimentieren Sie mit neuen Ideen, Formaten und Strategien. Die Nutzung von A/B-Tests kann Aufschluss darüber geben, welche Inhalte, Designs und Aufrufe zum Handeln bei Ihrer Zielgruppe am besten ankommen. Durch das Experimentieren können Sie herausfinden, was funktioniert und was nicht, und Ihre Social Media-Strategie entsprechend anpassen.

5. Feedback einholen und anwenden

Aktives Einholen und Anwenden von Feedback ist essentiell, um sich kontinuierlich zu verbessern. Nutzen Sie Umfragen, Kommentare und Nutzerdaten, um Einblicke in die Bedürfnisse und Wünsche Ihrer Zielgruppe zu gewinnen. Diese Informationen sind wertvoll, um Ihre Social Media-Präsenz und Kampagnen zu optimieren.

6. Flexibilität bewahren

Die Bereitschaft, schnell auf Veränderungen zu reagieren, ist entscheidend in der Welt des Social Media Marketings. Entwickeln Sie eine flexible Planungsmethodik, die es Ihnen erlaubt, Ihre Strategie bei Bedarf anzupassen. Dies umfasst die Bereitschaft, von gescheiterten Ideen loszulassen und erfolgreiche Ansätze zu skalieren.

Fazit

Die kontinuierliche Weiterbildung und Anpassungsfähigkeit sind Schlüsselfaktoren für den Erfolg im Bereich Social Media Marketing. Durch das Verfolgen aktueller Trends, lebenslanges Lernen, Vernetzung mit Fachkollegen, Experimentierfreudigkeit und die Nutzung von Feedback können Sie sicherstellen, dass Ihre Marketingstrategien effektiv und relevant bleiben. In einer Branche, die sich ständig weiterentwickelt, ist die Bereitschaft, zu lernen und sich anzupassen, Ihr wertvollstes Werkzeug.